ココミル
cocomiru

札幌 小樽
旭山動物園

やりたいコトいくつ叶える？

心躍る旅の時間

次の旅は、ふらりと、北の大地へ出かけませんか？
開拓期の歴史と新しさが共存する札幌と、
運河とともに発展した港町・小樽。
足をのばせば、旭山動物園や
大自然に抱かれた美瑛・富良野があります。
訪れる場所ごとに、さまざまな表情に出会える、
魅力的な旅のワンシーンをご紹介します。

左ページ：札幌タウンの喧騒をよそに美しい緑が広がる北海道大学（P28）。エルムの森の木陰でひと休み　上：ラベンダーが可憐に揺れ、季節の花々がゆるやかな丘に色の帯を描くファーム富田（P116）。美瑛・富良野エリアにはフォトジェニックな絶景がいっぱい　下：とりわけノスタルジーを感じる、小樽運河（P91）の夕暮れから夜にかけての時間帯

SAPPORO

スイーツも名物グルメもハイレベル！
賑わいが心地いい

札幌

2

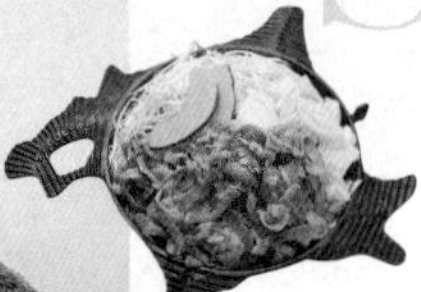

3

1

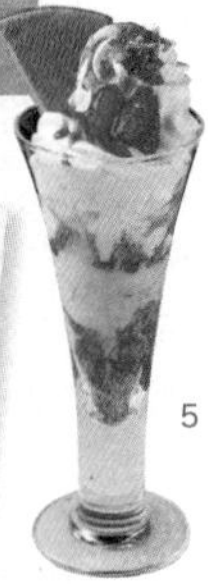

5

4

6

7

1：街のど真ん中に緑が溶け込む大通公園（P36）。花や噴水に彩られ、東に隣接してランドマーク・さっぽろテレビ塔がそびえる　2、3：北海道開拓使のシンボルである赤い星を付けたレンガ造りのサッポロビール園（P64）では、工場直送ビールと相性抜群のジンギスカンを　4、5：.道産の素材を使ったフレッシュなミルクスイーツは必食！ 写真は、ふわふわの生地にメイプルシロップをたっぷりかける六花亭札幌本店（P30）のホットケーキと雪印パーラー本店（P30）のパフェ。夜は締めパ フェでスイーツ三昧を　6：クラーク博士の銅像であまりにも有名なさっぽろ羊ケ丘展望台（P76）。牧草地には本物の羊がのんびりと過ごしている　7：煌めく札幌タウンの夜景。ロープウェイでアプローチするもいわ山山頂展望台（P78）はおすすめスポットのひとつ

1：随所にあしらわれたランプが灯るJR小樽駅（P90）。旅の玄関口からレトロムードを盛り上げる　2：市内に3つの漁港をもつ小樽。水揚げされたばかりの鮮魚はぜひお寿司で味わいたい。写真は魚真（P100）3、4：日本銀行旧小樽支店（P92）をはじめ重厚な石造りの銀行建築が残り、道内屈指の金融街だった名残を感じられる。倉庫群を眺めるなら、ゆったりと運河クルーズするのも一興　5、6：小樽芸術村（P90）のステンドグラスギャラリーはまるで海外の教会にいるかのような気分に。ガラス文化が息づく小樽では、小樽ガラスのアクセサリーやオルゴールなどかわいいおみやげ探しを楽しんで

1

3

4

2

5

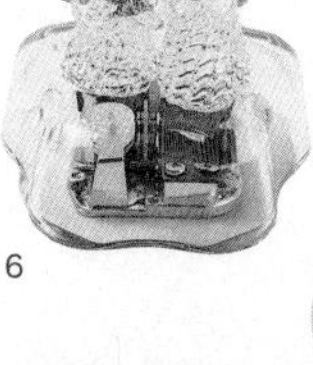

6

郷愁誘うレトロかわいい港町

小樽

OTARU

1

2

3

BIEI FURANO

撮りたくなる！ 心ゆさぶる絶景

美瑛・富良野

1：美瑛を代表する風景として親しまれるポプラの木（P114）
2：採れたて野菜などを生かしたレストランやスロウカフェが点在。美しい緑にたたずむル・ゴロワ フラノ（P121）では道産食材にこだわったイタリアンを　3：記念撮影にピッタリのロケーションの「五郎の家」（P117）4：光を受けて青色に輝く水面に、立ち枯れたカラマツが幻想的な白金青い池（P115）　5：十勝岳連峰や丘風景をバックに、美瑛屈指の規模の花畑が広がる四季彩の丘（P115）
6：富良野を代表するラベンダー畑が広がるファーム富田（P116）

6

4

5

3

2

4

1

5

1：全国区の人気を誇る旭川市旭山動物園（P122）は、動物たちの野生能力を最大限に引き出すよう展示方法が工夫されている。びゅんびゅんと泳ぎまわるペンギンを透明の水中トンネルから眺めよう。　2～5：巨体を揺らし雪と戯れるホッキョクグマ、地上17mのロープを華麗に綱渡りするオランウータン、エサをもぐもぐ食む愛らしいカバ、円柱水槽を自由自在に行き来するアザラシなど、動物たちの生き生きとした表情に出会える

かわいすぎる癒しのアニマルたち

旭川市旭山動物園

ASAHIYAMA ZOO

札幌・小樽ってどんなところ?

現代×歴史が融合する札幌 小樽は郷愁漂う港町

約197万人が暮らす北海道の中心地・札幌。市街地の大通公園（☞P36）や郊外は緑が豊かで、道内の味覚が集まる美食タウンでもあります。小樽は、札幌から40kmほど離れた、日本海沿いの港町。かつて商都だったことを偲ばせる重厚な銀行建築や石蔵が立ち並び、レトロ情緒を満喫できます。

緑とふれあえる札幌のオアシス・大通公園（☞P36）

港町の情緒が漂う小樽の北運河（☞P98）

おすすめシーズンは?

夏は過ごしやすく観光に最適 冬はイベントや食が楽しみ

ベストシーズンは、ずばり夏。札幌は8月の平均気温が23℃前後と過ごしやすく、空気もカラッと乾いていて、快適に過ごせます。また、一面が銀世界となる冬もおすすめ。北海道の冬の風物詩・さっぽろ雪まつり（☞P41）が開催され、名物の新鮮な魚介類は、脂がのってグンとおいしくなります。

©北海道新聞社

巨大氷像が立ち並ぶさっぽろ雪まつり（☞P41）

札幌・小樽へ旅する前に知っておきたいこと

街遊びが楽しい道都・札幌と港町情緒漂う小樽。
その観光ポイントや、ともに訪ねてみたい場所をご案内します。
しっかりと予習して、旅の支度を整えましょう。

どうやって行く？

東京からは飛行機で1時間半 のんびり鉄道でアクセスも

羽田～新千歳間は便数が多く、国内各主要空港からも直行便が運航。旅行会社のパッケージツアーやLCC（格安航空会社）など、格安チケットも揃います。時間的に余裕があるなら、フェリーでのアプローチや、新函館北斗駅まで北海道新幹線を利用して、ゆっくり鉄道で旅するのも選択肢だ。

効率よく旅をするなら便数豊富な飛行機で

動物の行動展示が人気の旭川市旭山動物園（☞P122）

どう回ったらいい？

札幌・小樽で1泊2日 ＋1日すれば旭山動物園へも

札幌はさっぽろ羊ヶ丘展望台（☞P76）などの郊外観光も入れて丸1日。小樽は半日あれば主要ポイントを回れるので、合わせて1泊2日の旅程が一般的です。2泊3日なら旭川市旭山動物園（☞P122）まで組み込むことも。さらに1日プラスできるなら旭川を起点に美瑛・富良野（☞P114）をめぐりましょう。

富良野のファーム富田（☞P116）のラベンダー畑

いまなお正確に時を
刻む、札幌市時計台
(☞P24)

ぜひ見たいのは?

札幌では時計台、
小樽は運河と色内銀行街

札幌では、140年以上の歴史を誇る塔時計を有する札幌市時計台(☞P24)や、北海道庁旧本庁舎(☞P26、リニューアル工事中)など、開拓期の歴史的建造物を。さっぽろ羊ヶ丘展望台(☞P76) などの郊外スポットも見逃せません。小樽では、定番の小樽運河(☞P91) はもちろん、昔の繁栄を偲ばせる色内銀行街(☞P93) へもぜひ。

ノスタルジックな
小樽運河(☞P91)

銀行建築が残る
色内銀行街 (☞
P93)

美しい花畑の風景
が広がる、美瑛町
(☞P114)

青い海を車窓に、
積丹半島ドライブ
を楽しもう

ドライブするなら?

大自然が広がる美瑛・富良野
海景色なら積丹半島へ

北海道らしい、雄大な風景を楽しむなら、都市から離れて自然の中へ。旭川起点で美瑛・富良野(☞P114) へ向かえば、絵画のような丘風景や、見渡す限りの花畑と出合えます。小樽発なら、美しい海岸線が続く積丹半島 (☞P108) へのドライブがおすすめ。ウニ丼など、期間限定の味覚も楽しみ。

ぜひ味わいたいのは?

夜パフェ、魚介、ラーメン…ミルクスイーツも見逃せない!

札幌では味噌ラーメンやジンギスカン、スープカレー、カニ料理などの札幌名物のほか、道内各地から旬が届く魚介グルメも要チェック(☞P54～69)。締めには話題の"夜パフェ"(☞P48)をどうぞ。フレッシュな味わいのミルクスイーツ(☞P30)は必食です。小樽では、港町ならではの鮮魚を寿司や海鮮丼(☞P100)で。

ミルクが濃厚な、雪印パーラー本店(☞P30)のパフェ

味の三平(☞P69)で、元祖味噌ラーメンを堪能

海鮮食堂 北のグルメ亭の海鮮丼(☞P54)は、鮮度と盛りが魅力だ

小樽ガラスの老舗・北一硝子三号館(☞P97)の商品

白い恋人は、札幌市内や空港のみやげ店でも販売

おみやげは何がいい?

定番人気は有名銘菓 伝統×モダンな工芸品も

みんなに喜ばれるのは、白い恋人(☞P77)などの有名銘菓類。変化をつけるなら、チーズや鮭ルイベなどグルメ系みやげ(☞P70)や、道産の革製品(☞P40)はいかがでしょう。小樽みやげは、かわいらしいガラス製品やオルゴール(☞P94・95)が定番。自分用のとっておきを探してみて。

1日目

出発ー!

10:00 新千歳空港

温泉などを備える空港(☞P132)。札幌へは直結駅からJR快速エアポートで37分。

10:45 札幌駅

道内最大級の高さを誇る、JRタワー(☞P32)展望室T38からの眺めは必見です。

札幌のシンボル

11:15 札幌市時計台

現存する現役の時計塔では、国内最古。館内には同型の時計機械があります(☞P24)。

11:45 大通公園&さっぽろテレビ塔

東西に細長い大通公園(☞P36)は、憩いの場。東に隣接してさっぽろテレビ塔(☞P37)が。

ランチは札幌ラーメン

12:45 味の三平

札幌味噌ラーメンの人気店で、発祥の味をぜひ。11～14時は行列覚悟(☞P69)。

14:00 北海道庁旧本庁舎 ※リニューアル工事中

開拓期の面影を残すレンガ造りの建物。工事中は外観と前庭見学のみ(☞P26)。

14:45 雪印パーラー本店

創業から半世紀以上続く老舗。道産ミルクたっぷりのパフェは、約20種類(☞P30)。

16:00 サッポロビール博物館

風情あるレンガ建築をサッポロビールの博物館として再生。有料で試飲も(☞P65)。

17:00 サッポロビール園

クセのないラム肉ジンギスカンと工場直送の新鮮生ビールを召し上がれ(☞P64)。

2泊します

20:00 札幌のホテル

みどころが多く、交通の拠点でもある、札幌駅～すすきのでのステイがおすすめ(☞P83)。

2日目

おはよう!

10:00 小樽駅

札幌駅からJR快速エアポートで32分。国の登録有形文化財の駅舎にも注目(☞P90)。

小樽観光のハイライト

10:15 小樽運河

運河沿いに石造り倉庫が並ぶ、美しい景観。記念撮影には浅草橋がベスト(☞P91)。

2泊3日鉄道で行く 札幌～小樽～旭山動物園の旅

各人気観光地のハイライトをギュッとまとめた欲張りプラン。
歴史的な建物を探訪したり、フォトジェニックな風景に癒やされたり。
海の幸やラーメンなど、土地の美味やおみやげ探しも楽しみです。

10:30 色内銀行街

古い銀行建築が残る通り。荘厳な日本銀行旧小樽支店(☞P93)は資料館として開放。

とっておき
おみやげ

11:00 堺町通り

小樽みやげにおすすめのガラスやオルゴールの店が集まるストリート(☞P94～97)。

12:30 魚屋直営食堂 うろこ亭

海産物店に併設する食堂で、盛りと鮮度が自慢の海鮮丼をいただきます(☞P101)。

13:30 北運河

賑やかな堺町通りを離れて、閑静な北運河へ。港町の風情が漂います(☞P98)。

北運河を眺めて
ブレイク

14:00 PRESSCAFÉ

運河に面した築100年以上の石蔵を再生。レトロムードの中でスイーツを(☞P105)。

19:00 北海道料理 海味 はちきょう

夕食は札幌に戻り、すすきのの海鮮居酒屋へ。脂がのったホッケは必食(☞P58)。

3日目

10:00 旭川駅

札幌から旭川へは特急カムイ・ライラックで約1時間25分。(☞P112)。

10:45 旭川市 旭山動物園

動物の行動がよくわかる展示で人気の動物園。じっくり動物たちを観察(☞P122)。

もぐもぐタイムは
ぜひ見たい

給餌風景と、飼育員の解説を楽しめるもぐもぐタイムは、旭山動物園の目玉企画です。

13:30 旭川らぅめん 青葉本店

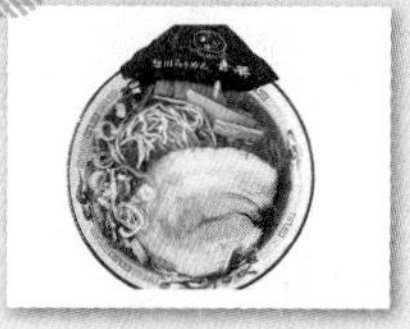

旭川名物といえば、豚骨&魚介スープのラーメン。老舗で本場の一杯を堪能(☞P128)。

16:30 新千歳空港

旭川からJR特急・快速エアポートで約2時間10分。空港で、最後のみやげ選びを(☞P136)。

フライトまで時間
あればお風呂に

搭乗前に、4階の天然温泉でさっぱり。旅の疲れを癒やして帰路へつきましょう(☞P133)。

日程に余裕が
あればぜひ！

3泊4日なら美瑛・富良野も満喫できます

絵画のような丘めぐり 美瑛

小麦やジャガイモなどの畑が、パッチワークのように折り重なる穀倉地帯。周辺には、居心地の良い隠れ家カフェも点在しています(☞P114)。

ラベンダー畑とロケ地へ 富良野

7月中～下旬には、丘一面を埋めるラベンダーがみごと。『北の国から』など、倉本聰が脚本を手がけたドラマのロケ地をめぐりましょう(☞P116)。

ココミル
cocomiru

札幌 小樽 旭山動物園

Contents

●表紙写真
札幌市時計台、旭川市旭山動物園、大通公園、パフェ、珈琲、酒、佐藤、二条市場 大磯
さっぽろ羊が丘展望台、小樽運河ほか

〈マーク〉

観光みどころ・寺社
プレイスポット
レストラン・食事処
居酒屋・BAR
カフェ・喫茶
みやげ店・ショップ
宿泊施設
立ち寄り湯

〈DATAマーク〉

☎ 電話番号
住 住所
¥ 料金
開館・営業時間
休 休み
交 交通
P 駐車場
室 室数
MAP 地図位置

今も昔も正確に時を刻む時計台

季節の花々にも目を向けてみて

ミルクスイーツでほっとひと息

新鮮な魚介がぎっしりの海鮮丼

冬はイルミネーションの彩りが素敵

牧歌的な風景、札幌農学校第2農場

白亜の外観が美しい古河講堂

札幌発祥のスープカレーをパクッ

みどころにグルメ、楽しみいっぱい まずは札幌観光へ出かけましょう

開拓期の面影を残す古い建物や、季節の花や緑が彩る公園、そしてネオン輝く歓楽街と、札幌の街はとても表情豊か。空も通りも広く、北海道らしい開放感にあふれています。全道各地から旬食材が集うグルメも、お見逃しなく。

高い空に赤れんがが映えます

大通公園にはアートな遊具も

札幌って こんなところ

札幌は北海道の政治・経済・文化の中心地。みどころ、グルメとも盛りだくさんです。

観光みどころは3つのエリア

主なみどころは、札幌駅周辺、大通公園、すすきのの3エリア。駅周辺は百貨店が林立するビル街で、絶景の展望室やテレビ塔など観光名所もある。駅から南下すると大通公園があり、3路線が乗り入れる地下鉄大通駅は郊外観光の重要な起点駅。歓楽街すすきのでは、多彩な札幌グルメを堪能できる。もいわ山山頂展望台や羊ヶ丘展望台など、郊外にもみどころが多数。

観光前に情報を集めよう

季節によって楽しめる味覚や景色はさまざま。日程を決めたら、その時期はなにがおいしいのか、食材の旬などを事前にチェックしよう。札幌駅（☞P22）と大通公園（☞P34）にある観光案内所も活用して。

問合せ 札幌観光協会☎011-211-3341
北海道さっぽろ観光案内所☎011-213-5088

ホームページもCHECK

ようこそさっぽろ
北海道さっぽろ観光案内

札幌の観光サイト。市内の観光名所や季節ごとの楽しみ方紹介など、お役立ち情報満載。

https://www.sapporo.travel/

1 札幌駅周辺《さっぽろえきしゅうへん》

・・・P22

ショップやホテルなどの複合施設・JRタワーがそびえる札幌の玄関口。駅南側には、北海道庁旧本庁舎があり、樹木が美しい前庭を散策できる。

1 開拓の歴史を伝える北海道庁旧本庁舎

3 すすきの《すすきの》

・・・P42

ネオン瞬く歓楽街には、ジンギスカンや炉端焼きなど、魅力的なグルメがいっぱい。静かなバーや夜カフェで夜更かしを楽しむのもいい。

1 きらびやかなすすきの交差点のネオン
2 名バーテンダーの1杯に酔いしれよう

新千歳空港→札幌のアクセス

新千歳空港 → 札幌駅

JR快速エアポート（千歳線）　問合せ JR北海道（新千歳空港駅）☎0123-45-7001
37分　1150円　12分間隔で運行。指定席のuシート（別途530円）を連結

空港連絡バス　問合せ 北都交通☎011-375-6000／北海道中央バス☎0123-46-5666
1時間10分　1100円　1時間に4便ほど運行。大通公園や市内主要ホテルにも停車

道央道（千歳空港IC～札幌北IC）
55km／1時間　1330円

1 大通公園《おおどおりこうえん》

2

大通公園

・・・P34

東西約1.5kmにわたって広がる札幌中心部のオアシス。東に隣接してるさっぽろテレビ塔（☞P37）展望室からは、公園と街並みの絶景が楽しめる。

2

1 街なかとは思えないほど緑豊かな園内
2 界隈にはスイーツカフェも充実

郊外もみどころもりだくさん

もいわ山山頂展望台やモエレ沼公園など、郊外にもみどころがいっぱい。札幌中心部から日帰りで楽しめる（☞P72〜82）。

さっぽろ羊ヶ丘展望台

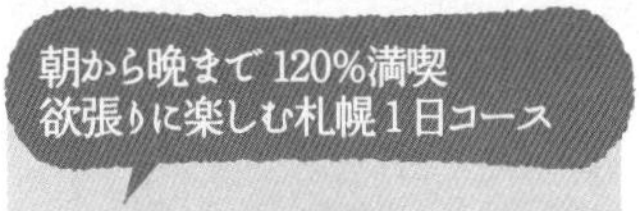

朝から晩まで 120%満喫 欲張りに楽しむ札幌1日コース

まずは駅から南へ向かい、時計台やテレビ塔など必見スポットへ。昼食は、名物の味噌ラーメンを味わおう。食後は大通経由で駅周辺に戻り、北大構内を散策。郊外の展望台で夜景を楽しんだ後は、すすきので魚介グルメに舌鼓。

START

10:30 札幌駅

徒歩10分

札幌駅周辺

10:40 札幌市時計台 …P24

徒歩3分

大通公園

11:20 さっぽろテレビ塔 …P37

徒歩7分

12:00 札幌味噌ラーメン専門店 けやき すすきの本店 …P68

徒歩3分

13:00 大通公園 … P34

徒歩10分

札幌駅周辺

13:30 北海道庁旧本庁舎 …P26

※リニューアル工事中

徒歩4分

14:10 雪印パーラー本店 …P30

徒歩20分

15:30 北海道大学 …P28

徒歩+地下鉄+市電35分

札幌郊外

17:30 もいわ山山頂展望台 …P78

徒歩+市電30分

すすきの

20:00 北海道料理 海味 はちきょう 本店 …P58

徒歩

GOAL

22:00 札幌のホテル …P83

札幌観光は地下鉄・市電・バスを活用しよう

札幌市時計台などがある中心部から、もいわ山など郊外までみどころが広範囲にわたる札幌。
地下鉄やバスを上手に利用すればラクラクアクセスできます。

地下鉄が大活躍。郊外はバスも

札幌中心部の観光は徒歩や地下鉄の移動がメイン、羊ヶ丘など郊外のみどころは地下鉄で最寄駅までアクセスし、その後バスの乗り継ぎが必要なものが多い。

地下鉄

1回乗車 210円～

市街を南北に走る南北線と東豊線、東西に走る東西線の3路線がある。なかでも南北線は札幌駅周辺や大通公園、すすきの、中島公園へのアクセスがよく、観光の基軸となる。運行は4～10分間隔。

問合せ 札幌市交通局（交通案内センター）☎011-232-2277

市電

1回乗車 200円

すすきの・藻岩山のロープウェイ入口などを環状運行する路面電車。乗車時は車体中央の乗降口から。降車時は運転手側から料金を支払って降りる。6時頃～23時頃の間、5～8分間隔で運行。

問合せ 札幌市交通局（交通案内センター）☎011-232-2277

タクシー

初乗り670円が主流

たいていの観光スポット周辺に、頻繁にタクシーが行き来する。個人タクシーはさまざまな観光コースを用意。

問合せ 札幌個人タクシー協同組合 ☎0120-818-424
☎011-852-3322

さっぽろうぉ～く（バス）

1回乗車 210円

札幌駅前（東急デパート南側）からサッポロビール園、大通公園など市内主要ポイントを1周約30分で循環するバス。札幌駅前発7時06分～22時56分、約30分間隔で運行している。

問合せ 北海道中央バス☎0570-200-600

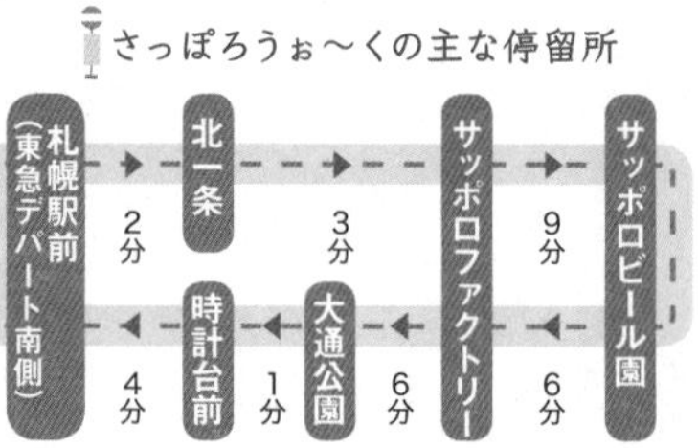

※札幌市街では、GW頃～11月初旬頃、自転車タクシー（ベロタクシー）が走っている。一般のタクシー同様、手を上げれば停まってくれる。初乗り（500mまで）400円。予約☎080-4075-7806（ベロタクシー札幌）。運行は10時～日没（雨天運休）。

アクティブに動くなら1日乗車券がおすすめ

頻繁に地下鉄を乗り降りするなら1日乗車券が経済的。
地下鉄専用の1日乗車券から市電やバスだけの1日乗車券まで用途にあわせて購入したい。

きっぷ名	利用条件	ねだん	購入可能場所	問合せ
地下鉄専用1日乗車券	地下鉄	830円	地下鉄駅券売機・定期券発売所など	札幌市交通局（交通案内センター）☎011-232-2277
ドニチカキップ	土・日曜、祝日、年末年始の地下鉄	520円		
どサンこパス	土・日曜、祝日、年末年始の市電	400円	市電車内・大通定期券発売所	
札幌市内1日乗車券（さっぽろうぉ～く1日乗車券）	「さっぽろうぉ～く」、中央バスの210円・240円区間	750円	「さっぽろうぉ～く」バス車内・札幌市内バスターミナル	北海道中央バス ☎0570-200-600
1日乗りほーだいきっぷ	JR北海道バス（高速バス除く）	800円	一般の路線バス車内・各営業所など	JR北海道バス ☎011-622-8111

JR・地下鉄・周遊バスがひと目でわかる!

札幌アクセス 早見マップ

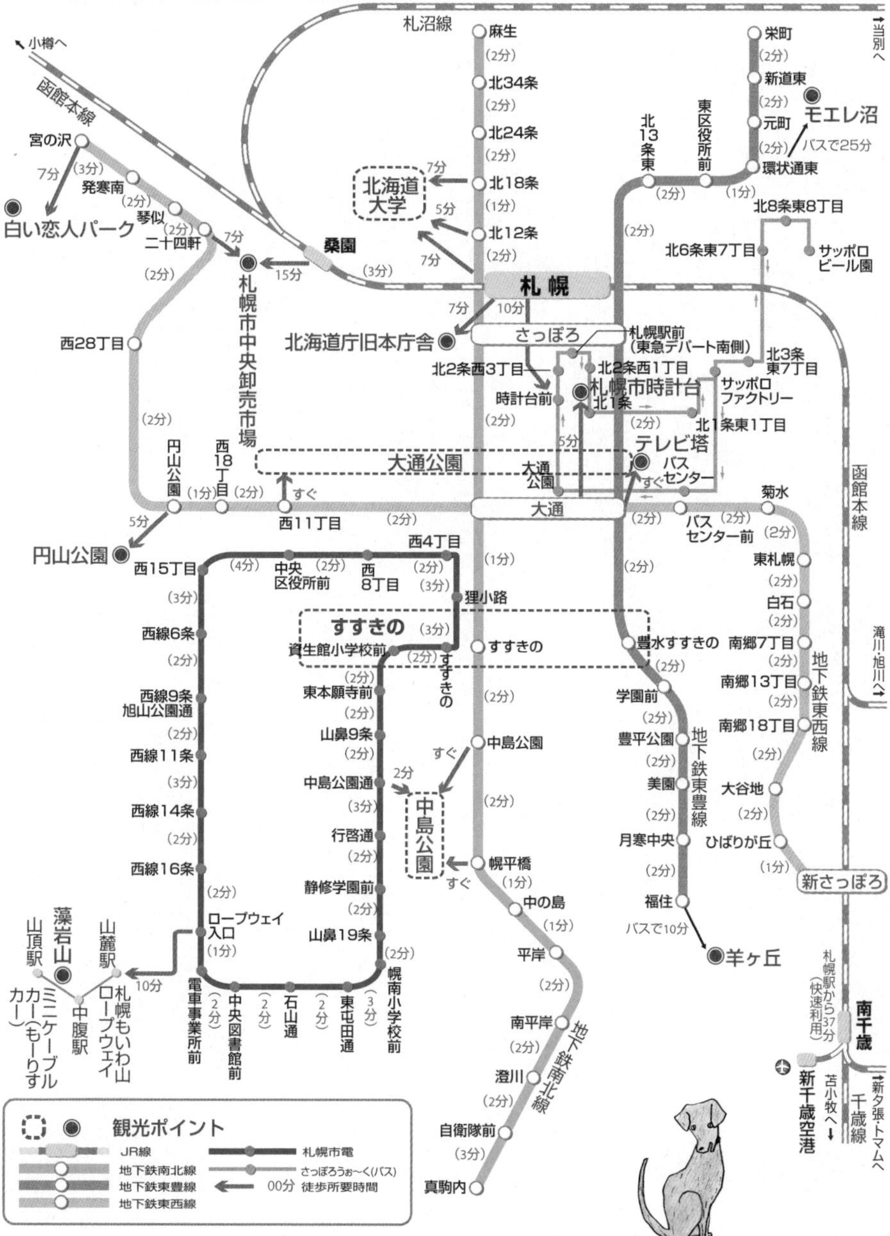

これしよう！

今も時を刻み続ける振り子式塔時計

札幌の顔といえばココ。明治の姿そのままに運転を続けている(☞P24)。

これしよう！

雪印パーラー本店のパフェは必食です

道産乳の風味豊かな生クリームや、アイスを華やかに盛ったパフェを堪能(☞P30)。

これしよう！

札幌の今を伝えるサツエキ周辺

札幌でショッピングを！というとココ。複合施設や百貨店が充実(☞P32)。

札幌駅周辺はココにあります！

観光名所とショッピングエリアが融合

札幌駅周辺《さっぽろえきしゅうへん》

新鮮魚介を気軽に楽しめる回転寿司 根室花まる JRタワーステラプレイス店(☞P57)

こんなところ

ショッピングモールや絶景の展望室など、バラエティに富んだ施設が入るJRタワーを中心に、有名百貨店や家電店が林立。少し歩けば必見の観光名所・札幌市時計台もあり、まさに札幌の顔といえるエリア。観光案内所や各種みやげ店など、旅のお役立ちスポットも充実。

access

●新千歳空港から
【JR】快速エアポートで札幌駅まで37分
【バス】空港連絡バスで札幌駅まで1時間20分

問合せ
☎011-213-5088 北海道さっぽろ観光案内所
☎011-211-3341 札幌観光協会

広域MAP
付録P8E1～9B4

～札幌駅周辺　はやわかりMAP～

まずは情報館内の観光案内所へ

駅構内の北海道さっぽろ「食と観光」情報館で情報収集を。

☎011-213-5088

大通駅まで続く地下歩行空間

天候を気にせず歩ける地下道。大通駅までは徒歩10分ほど。

観光のヒント

赤れんがや時計台をめぐって3時間

北海道庁旧本庁舎（リニューアル工事中☞P26）から訪れるのが効率的。ここから札幌市時計台（☞P24）へは徒歩5分程度。

\ グルメ＆おみやげ探しに便利なスポット /

1 札幌ステラプレイス

ファッションを中心に200店舗以上が入るショッピング施設。6階のダイニングフロアには回転寿司やスイーツの店も。道内最大級のシネコンも併設している。

☎011-209-5100

2 アピア

レディースファッションをはじめ、リーズナブルな雑貨店や飲食店など100店舗以上が並ぶ。JR札幌駅と地下鉄駅を結ぶエリアで立ち寄りやすい。

☎011-209-3500

3 大丸札幌店

高級ブランドやコスメ、ファッションなどのショップが揃う百貨店。スイーツやデリ、酒類が充実する地下1階大丸食品フロア「ほっぺタウン」は限定品多数。

☎011-828-1111(代)

大都市のまん中で出合える札幌らしい風景・時計台を見学

見学所要
30分

ビル街にひっそりたたずむ白壁の塔時計は、明治期の面影を残す札幌の象徴的存在です。時を告げる鐘の音を聴きながら、ノスタルジックな館内をめぐってみましょう。

1

2

3

1装飾の少ない木造建築。白壁と赤い屋根のコントラストが美しい 2正面ビルの2階テラスから眺めた時計台 3北海道開拓の象徴である赤い星があしらわれている

札幌市時計台《さっぽろしとけいだい》

今も正確に時を刻み続ける塔時計

札幌農学校（現：北海道大学）初代教頭のW.S.クラーク博士の提言により、明治11年(1878)に建設。当時は演武場として、兵式訓練などに使われていたという。明治14年（1881）に運転を開始した塔時計は、設置以来140年以上の歴史をもち、現存するものでは国内最古。建物とともに国の重要文化財に指定。

☎011-231-0838 住札幌市中央区北1西2 ¥入館200円 ⌚8時45分～17時 休年始の3日間のみ（1月1～3日） 交地下鉄大通駅から徒歩5分 Pなし MAP付録P8D4

グリーンの壁に木枠窓がレトロな2階ホール

できたてフレッシュチーズ！
チーズ工房併設のレストラン「Hello, New Day.」。「ランチセットPIZZAマルゲリータ」平日1350円など、モッツアレラチーズメニューが人気。
☎011-206-9222 MAP付録P8D4

さっそく館内をめぐってみましょ

さっそく1階から

小展示室

札幌・北海道の歴史や、国内外の時計台に関する視聴覚資料が揃う。書籍は、明るい窓側の席で閲覧できる。

▶かつては教室として使用されていた展示室

ワンポイント
時計台で撮った写真は、室内PCの「思い出アルバム」に登録できます。

大展示室

札幌農学校や時計台の歴史・エピソードなどをパネルとジオラマで紹介。1995年修復工事の映像も見られる。

▶農学校を100分の1で復元した模型などが並ぶ

2階へ

2階ホール

植物学者の宮部金吾らが博士号を授与された、明治32年（1899）の学位授与祝賀会時の講堂を再現。奥にある時計機械は、時計台の機械と同じハワード社のもの。

▲時計機械説明書など、貴重な資料も展示

また1階へ

ワンポイント
鐘に近いので重量感のある音を聴けます。おすすめの時間帯は12回鐘が鳴る正午。

ゆるカワのおみやげはいかが？

1階の売店では、時計台のオリジナルキャラクターグッズを販売。

時計大臣のクリアファイル 1枚380円など

とっけがプリントされた巾着バター飴390円

ココに注目

ハワード社製の時計機械

実際に使用されているものと同じ型の機械。時計塔は5層構造で、この時計機械に、鐘や振子、豊平川の石を使ったおもりなどが付く。

アメリカのハワード社によって昭和3年（1928）に製作された

館内から外へ

最後に記念撮影を忘れずに

記念の1枚は正面入口前から。建物斜め前にある、撮影用の台から撮るのもおすすめ。

北極星がモチーフの赤い星「五稜星」は、北海道開拓のシンボルです。時計台には17個あるので、探してみて。

北海道庁旧本庁舎“赤れんが”は北海道開拓のシンボルです

ただいま
リニューアル
工事中

市民から「赤れんが」の愛称で親しまれる、風格漂うレンガ色の建造物。
現在リニューアル工事中のため、見学は、仮設見学施設が公開中です。
新装された堂々たる姿が待たれます！

▲現在、外観は転写シートで覆われている

北海道庁旧本庁舎《ほっかいどうちょうきゅうほんちょうしゃ》

かつての北海道行政の中心地

明治21年（1888）から新庁舎完成までの約80年にわたり、北海道行政の中心を担った旧本庁舎。建築資材の軟石、木材など多くは北海道産、レンガは札幌近郊で焼いたものを使用。アメリカ風ネオ・バロック様式の建物で、国の重要文化財に指定されている。晴れた日には四季折々に表情を変える前庭をゆっくり散策するのもおすすめ。

▲前庭には2つの池があり、夏はスイレンが花開く

☎011-204-5019（ダイヤルイン／平日8時45分～17時30分 土・日曜、祝日の連絡先は☎011-204-5000）住札幌市中央区北3西6 ¥見学無料 ◷8時45分～18時（最終入館時間は17時50分）交JR札幌駅南口から徒歩7分 Pなし MAP付録P9C3 ※現在大規模改修中のため転写シートで覆われているが、仮設見学施設が公開中。

＼リニューアル後は／
こんなふうになる!

- 2階　北海道の歴史・文化の展示、眺望を生かした催事スペース
- 1階　飲食スペース、道産品のセレクトショップ、道内各地の観光情報発信
- 地下1階　開拓絵画展示ギャラリー

＊改修後は民間による管理運営となる予定

植物園は市民の憩いの場です

約4000種類の植物を育成・保存する「北海道大学植物園」。研究にも使われている多彩な庭園や温室は一般にも開放されています。

☎011-221-0066 MAP 付録P9B3

クラシカルな建物はこうして生まれた
～北海道庁旧本庁舎建設ものがたり～

明治時代に建てられた開拓使札幌本庁舎と北海道庁旧本庁舎（赤れんが庁舎）は、ともに当時の北海道が技術の粋を集めて建設した。明治6年（1873）に建てられた開拓使札幌本庁舎は中央に八角ドームを抱いた建物で、設計は、開拓使御用掛の安達喜幸が担当。安達喜幸は豊平館、札幌市時計台も手がけた人物だ。

現在リニューアル工事中の北海道庁旧本庁舎は、焼失した開拓使札幌本庁舎に代わり明治19年（1886）に着工し、明治21年（1888）に完成した。

所蔵　北大付属図書館

明治20年（1887）代 創設期の北海道庁

明治15年（1882）開拓使が廃止され、三県一局の時代を経て、明治19年（1886）北海道庁が創設され新しい時代を迎えた

重厚なアメリカ風ネオ・バロック様式の北海道庁旧本庁舎。設計を担当したのは、北海道庁技師の平井晴二郎。文部省第1回留学生としてアメリカ・レンセラー工科大学に渡った英才であった。留学から戻った平井晴二郎は、開拓使に入り幌内鉄道の開設に従事したが、32歳の時に北海道庁庁舎設計に抜擢されたという。

北海道庁旧本庁舎の外観を特徴的なものとしている赤レンガは、レンガに適した白石村（現在の札幌市白石区）の土を用い鈴木煉瓦製造場などで焼かれたもの。また、長手と小口を交互に積む「フランス積み」を採用し、現在の美しい姿を作り出している。

平井晴二郎は、赤れんが庁舎完成後、函館水道の建設に携わりその後、北海道を離れてからは鉄道技術者として活躍し、帝国鉄道庁総裁に就任した。

その後、北海道庁旧本庁舎は、明治42年（1909）1月11日に出火し、内部及び屋根を消失してしまう。しかし、レンガのほとんどが無傷で残り、明治43年（1910）修理工事に着手し、明治44年（1911）11月に完成した。

所蔵　北大付属図書館

明治44年（1911）復旧工事後の様子

この庁舎は昭和43年（1968）2月までの約80年間、北海道庁本庁舎として使用された

昭和に入り、昭和43年（1968）に、北海道100年を記念して中央部の八角塔を復元完了。今回の令和のリニューアル工事は、それ以降の耐震改修を含めた大規模改修となる。国指定の重要文化財の価値を後世に受け継ぐとともに、リニューアル後は情報発信拠点としての役割も担う予定だ。

前庭もおさんぽしてみて

ポプラやハルニレ、イチョウなど約1000本の樹木が植えられた前庭は、小さな森のよう。

◀建物に向かって左側の池には、橋が架かる

建物のちょっと へぇ～ なヒミツをご紹介

外壁の赤レンガは約250万個

色鮮やかな外壁に使用されているレンガは、約250万個にのぼる。

建物の赤い星は開拓のシンボル

時計台と同じく、北極星がモチーフの五稜星が随所に見られる。

八角塔は開拓使札幌本庁舎を継承

建物中央の八角塔は、焼失した開拓使札幌本庁舎を模したもの。

北海道大学の
自然豊かなキャンパスを散策

約177万㎡もの広大な敷地内に明治期の建造物が残る北海道大学。
開放感あふれるキャンパスで自然や北海道の歴史にふれてみましょう。

▲威厳のある農学部本館。昭和10年(1935)に建築され、昭和35年(1960)に現在の姿になった。内部は見学不可

◀赤い屋根の建物は札幌農学校第2農場

北海道大学《ほっかいどうだいがく》

創立140年以上の伝統ある大学

北海道開拓使官吏養成のため、明治9年（1876）に開校した札幌農学校が前身。140年もの歴史を誇る大学で、アメリカから招かれたウィリアム・スミス・クラークが初代教頭を務めた。キリスト教思想家の内村鑑三や教育者の新渡戸稲造など歴史に名を残した優秀な人材を数多く輩出。昭和22年（1947）、北海道大学となる。その後学部や研究センターが続々と開設され、現在では12学部・21大学院を擁している。

☎011-716-2111 住札幌市北区北8西5 ¥散策自由 ◷施設により異なる 休無休 交JR札幌駅から徒歩7分 Pなし MAP付録P6D1・9B1

おすすめ散策コースをご紹介

学内のみどころを回るなら、正門からスタートして、北へ向かうコースがおすすめ。構内南側にある施設を見学した後は、少し足をのばしてポプラ並木、札幌農学校第2農場へ。北海道らしい広々とした風景を楽しめる。

第2農場にあるモデルバーンの屋根に牛のモチーフを発見

エルムの森周辺をおさんぽ

スタート！

1 クラーク像《くらーくぞう》

"Boys be ambitious! (少年よ、大志を抱け)"で有名な札幌農学校初代教頭・クラーク博士の胸像。

台座にはクラーク博士の自署が記されている

徒歩1分

外観のみ見学可能

2 古河講堂《ふるかわこうどう》

明治42年（1909）に、建設された明治初期の代表的な洋風木造建築。

徒歩2分

3 北海道大学《ほっかいどうだいがく》総合博物館《そうごうはくぶつかん》

札幌農学校時代から収集されてきた学術標本をはじめ、全12学部の教育研究、最新のイチ押し研究を紹介する展示や、体験型展示などがある。

☎011-706-2658 🕒10～17時（6～10月の金曜は～21時） 休月曜（祝日の場合は翌平日）

▶体験型展示「感じる展示室」と館内展示のマンモス

重厚な建物は昭和4年（1929）に旧北海道帝国大学として建設された

徒歩6分

4 ポプラ並木《ぽぷらなみき》

高さ30mほどのポプラが道の両脇に約72本そびえ立つ、北大のシンボルスポット。

ウッドチップが敷かれた約80mの道を散策できる

徒歩12分

ゴール！

5 札幌農学校第2農場《さっぽろのうがっこうだいにのうじょう》

クラーク博士の構想によって、明治9年（1876）に開設された実践農場。一戸の酪農家をイメージした畜舎と関連施設が並ぶ。

☎011-706-2658 🕒8時30分～17時 休第4月曜

1 北海道最初の畜産経営の実践農場として開設
2 収穫室や穀物庫など明治期の農場建築が現存
3 建物内部は当時の農具などが展示されている

北海道みやげでおなじみの人気ブランドスイーツをいただきましょう

搾りたてミルクで作る生クリームや、アイスクリームたっぷりの絶品スイーツ。
サツエキ周辺の名店で、北海道だからこそのおいしさを堪能しましょう。

ストロベリーパフェ 650円
自社製アイスと苺シャーベットの組み合わせ。皿盛りで提供

これも人気

マルセイ アイスサンド 250円
アイスクリームにホワイトチョコレートとレーズンを加え、ビスケットでサンド ※溶けてしまうため、持ち帰りはできません

六花亭《ろっかてい》 札幌本店《さっぽろほんてん》

北海道銘菓が揃う人気ブランド

帯広発の人気メーカー・六花亭の札幌旗艦店。マルセイバターサンドなど定番が揃うショップをはじめ、ギャラリー、コンサートホールも備える大型施設。2階の喫茶室では、ケーキやパフェのほか、特別メニューも用意している。

☎0120-12-6666 住札幌市中央区北4西6-3-3 営10時～17時30分(喫茶室は11～16時LO、季節により変動あり) 休無休（喫茶室は水曜定休） Pなし 交JR札幌駅から徒歩5分 MAP付録P9C2

開放感に満ちた、白を基調とする2階のカフェスペース

スノーロイヤルストロベリーパフェ 1280円
ストロベリーソースの酸味が、スノーロイヤルの甘さを引き立てる

これも人気

生キャラメルバナナパフェ 1480円
バニラアイスとキャラメルソースが絶妙なハーモニーを奏でる

雪印《ゆきじるし》パーラー《ぱーらー》本店《ほんてん》

歴史が物語る極上の口溶け

北海道を代表する老舗パーラー。昭和36年(1961)創業。自慢の濃厚な生クリームで作る約30種のパフェが変わらぬ人気を誇る。昭和天皇に献上された、スノーロイヤルバニラアイスクリーム880円もぜひ賞味したい。

☎011-251-7530 住札幌市中央区北2西3太陽生命札幌ビル1階 営10時～18時30分LO 休無休 Pなし 交札幌駅から徒歩6分 MAP付録P8D3

パフェやアイスを楽しむパーラーは、明るく心地よい空間が広がる

まだある！人気店
札幌駅から徒歩20分ほど

環状通り沿いにある「ハスカップジュエリー」などの菓子が有名な「もりもと 札幌北15条店」。厳選素材を使ったケーキや洋菓子、和菓子などのスイーツも人気。
☎011-711-4181 MAP付録P6E1

よつ葉のふんわりけずりバターパンケーキてん菜糖蜜添え 980円
もっちりのパンケーキによつ葉のバターをたっぷり！

これも人気

北海道産かぼちゃとあずきの和風モンブランパフェ 1100円
道産かぼちゃを使ったクリームをモンブランのように巻き上げたパフェ

ミルク&パフェ《みるくあんどぱふぇ》 よつ葉《よつば》
ホワイトコージ《ほわいとこーじ》札幌ステラプレイス店《さっぽろすてらぷれいすてん》

彩り豊かなパフェが魅力

北海道を代表する乳業メーカー「よつ葉乳業」の乳製品が楽しめるデザートカフェ。コクがあるのに後味さっぱりのソフトクリームを使うパフェや、もっちり食感のパンケーキが人気。

☎011-209-5577 住札幌市中央区北5西2札幌ステラプレイスセンター地下1階 ⏰10～20時LO 休P札幌ステラプレイスに準ずる 交JR札幌駅直結 MAP付録P8D2

白と緑を基調とした、清潔感あふれる明るい店内は全59席

フレーズバニーユ 1760円
イチゴとバニラのマーブルアイスと酸味のあるイチゴのソルベを合わせた、イチゴづくしの甘酸っぱいパフェ

これも人気

フリュイアラモード 2035円
5種のアイスと自家製クレームブリュレが奏でる贅沢パフェ

グラッシェル札幌《ぐらっしぇるさっぽろ》 ステラプレイス店《すてらぷれいすてん》

繊細と大胆が同居するアイスを

人気スイーツメーカー・ルタオが直営する専門店。職人が腕によりをかけて作る、生グラス(アイスクリーム)とアントルメグラッセ(アイスケーキ)を味わえる。テーブルに供されるひと皿ひと皿は、まるでアートのように美しい。

☎011-209-5280 住鎌札幌市中央区北5西2札幌ステラプレイスセンター2階 ⏰10時～20時30分LO 休無休 P210台(2000円以上の利用で2時間無料) 交JR札幌駅直結 MAP付録P8D2

斬新な空間に、カウンターとテーブル席がある

北海道名物が大集合！“サツエキ”でおみやげを探しましょう

JR札幌駅の周辺は商業施設やショッピングセンターが連なる一大エリア。北海道のみやげはもちろん、駅周辺で進行中の開発情報も要チェック！

JRタワー《じぇいあーるたわー》

JR札幌駅直結のショッピングゾーン

JR札幌駅直結で、アピアや札幌ステラプレイスなどのショッピングセンターが入る北の玄関口。みやげやグルメもココでチェック！

☎011-209-5100（札幌ステラプレイスインフォメーション）住札幌市中央区北5西2 ⏰休施設により異なる Pあり（有料） MAP付録P8E2

着々と進行中！札幌再開発

札幌駅とその周辺は、2030年の北海道新幹線延伸などに向け大規模な再開発が進行中！ 新たな複合ビルが続々と開業予定。

2028年度竣工予定

北5西1・西2地区 市街地再開発事業《きたごにしいち・にしにちく しがいちさいかいはつじぎょう》

2028年度、札幌駅前には高さ約245mという札幌最大級のビルが竣工予定。北海道の魅力を発信する商業施設やホテル、バスターミナルなどが入る新たなランドマークが誕生する。

北海道四季マルシェ 札幌ステラプレイス店《ほっかいどうしきまるしぇ さっぽろすてらぷれいすてん》

札幌駅改札口付近にある食のセレクトショップ

銘菓や調味料、旬の野菜に海産物など北海道の“いいモノ”を厳選したセレクトショップ。プライベートブランド「DO3 TABLE（ドウサンテーブル）」のアイテムも見逃せない！

☎011-209-5337 住札幌市中央区北5西2札幌ステラプレイス1階 ⏰8時～21時30分 休無休 交JR札幌駅直結 Pあり（有料） MAP付録P8E2

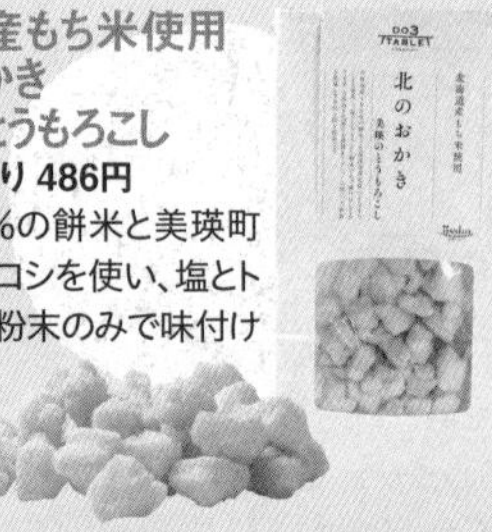

北海道産もち米使用 北のおかき 美瑛のとうもろこし
30g3袋入り 486円
道産100%の餅米と美瑛町のトウモロコシを使い、塩とトウモロコシ粉末のみで味付け

天然素材 北海道産 サーモンのひと口とば 黒胡椒 **598円**
道産秋鮭をひと口サイズのとばに。ブラックペッパーが隠し味

北海道産帆立貝 やわらか小樽煮
7粒入り 1327円
北の海で育ったホタテを、小樽に伝わる秘伝の調味液でふっくらと炊き上げている

今日ジャム 北海道ブルーベリー
140g 864円
道産のブルーベリーとビートグラニュー糖、レモン果汁を、時間をかけて煮詰めたジャム

北海道産さんま使用 炊込みご飯の素 **756円**
サンマを一度塩焼きしており、風味がより際立つ。骨まで柔らかく食べられる

※商品の仕様や価格については　変更になることがあります

札幌駅から
大通周辺を繋ぐ
地下空間チ・カ・ホ

札幌駅から大通周辺を繋ぐ地下空間で、広場では、イベントやアートの作品展示を随時開催。天気に左右されずに移動でき、駅前通沿いのビルに直結しているので便利。

アピア《あぴあ》

札幌駅南口の地下街 北海道ならではのグルメ

レディースファッションのショップをはじめ、飲食店など100店舗以上が並ぶ。JR札幌駅と地下鉄駅を結ぶエリアにあり便利。

☎011-209-3500 住札幌市中央区北5西3-4 ⏰10～21時 休無休 交JR札幌駅直結 Pあり(有料) MAP付録P8D2

とうまん

1個 65円

直火で炊き上げたホクホクとした餡と、甘みを抑えた皮がなんとも懐かしい饅頭

(販売：とうまん冨士屋)

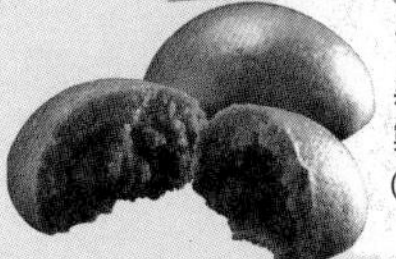

アピア店限定

札幌ぽっぽまんじゅう

1個 130円、6個入り 780円

黒糖の香りひろがる生地の中に、自家製つぶ餡がたっぷり入った饅頭

(販売：わかさいも本舗)

焼きたてフィナンシェ

アピア店限定

1個 216円

道産の発酵バターを使用した、表面はカリッと中はふんわりのフィナンシェ

(販売：欧風菓子コートドール)

大丸札幌店《だいまるさっぽろてん》

おみやげが盛りだくさん 限定商品も見逃せない

高級ブランドやコスメ、ファッションなどのショップが揃う百貨店。広々とした店内にはレストラン街もあり、ブッフェやイタリアン、寿司など多彩。限定スイーツも要チェック！

☎011-828-1111 住札幌市中央区北5西4 ⏰10～20時 休1月1日 交JR札幌駅直結 Pあり(有料) MAP付録P8D2

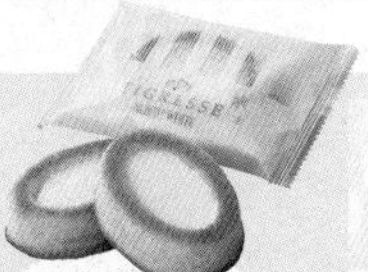

北海道限定

ティグレスノースホワイト

3個入 918円

クリーミーなホワイトチョコとマカダミアナッツが奏でる優しい味わい

(販売：地下1階和洋菓子売場 ガトーフェスタ ハラダ)

大丸札幌店限定

スノー ホワイトチーズ

8個入 1036円

生食感のチーズチョコレートを、チーズが香るサクサクの生地でくるんだ一品

(販売：地下1階和洋菓子売場 [SNOW]CHEESE)

Cカップ 雪プリン

大丸札幌店限定

400円

パウダースノーのようなふわふわクリームチーズ、北菓楼自慢のシフォンケーキ、甘さ控えめの牛乳プリンの3層がカップに入った、人気商品（販売：地下1階和洋菓子売場 北菓楼）

北海道熊もなか（ピスタチオ餡とこし餡）

1個 450円

木彫熊をモチーフにした特製もなかの皮に、ピスタチオ餡と北海道産こし餡をたっぷり詰めた菓子

(販売：8階 レストラン街 佐藤堂)

地下街直結！

赤《あか》れんが《れんが》 テラス《てらす》

赤レンガ庁舎を望む

飲食店を中心とした27店舗が入る。赤れんが庁舎（北海道庁舎本庁舎☞P26）が一望できる展望台があり、休憩にもおすすめ。

☎011-211-6200 住札幌市中央区北2西4-1 ⏰休店舗により異なる 交JRチカホ4番出口直結 Pあり(有料) MAP付録P8D3

大同生命札幌《だいどうせいめいさっぽろ》ビル《びる》 miredo《みれど》

和洋の多彩なグルメが魅力

札幌で人気の回転寿司やスープカレー店など15店舗が集まる商業施設。ランチからディナーまでさまざまなシーンで利用できる。

☎店舗により異なる 住札幌市中央区北3西3-1 ⏰休店舗により異なる 交JRチカホ1番出口直結 Pあり(有料) MAP付録P8D3

これしよう！

テレビ塔から札幌の街を一望

地上90mから見渡すパノラマは必見。夜景が美しい夜もおすすめ(☞P37)。

これしよう！

ビッセスイーツでひと休み

道内の人気スイーツ店が集結するビッセスイーツ。食べ比べを楽しもう(☞P39)。

これしよう！

大通公園をおさんぽしよう

東西に長く延びる緑豊かな公園。園内のモニュメントにも注目(☞P36)。

大通公園は
ココにあります！

緑豊かで街歩きも楽しい札幌の繁華街

大通公園《おおどおりこうえん》

道内作家の作品を雑貨店で発見

テレビ塔がモチーフのゆるキャラ

こんなところ

緑の木々が生い茂り、芝生の上でゆったり憩える大通公園。公園東には隣接する街並みを一望できるさっぽろテレビ塔もあり、1年を通じて多くの観光客で賑わう。公園周辺にはスイーツでひと息つけるカフェも点在。百貨店や飲食店も多く、都会の魅力と緑の美しさを合わせもつ、市内随一の繁華街だ。

access

●札幌駅から
【地下鉄】地下鉄南北線、地下鉄東豊線で大通駅まで2分
【徒歩】大通公園まで徒歩10分

問合せ
☎011-213-5088
北海道さっぽろ観光案内所
☎011-211-3341
札幌観光協会
広域MAP
付録P8E4～9A4

〜大通公園 はやわかりMAP〜

観光のヒント

大通公園1〜4丁目をめぐって1時間

大通公園のハイライトは、札幌駅前通と交差する3〜4丁目。テレビ塔からの眺めや、夏期にはとうきびワゴン（☞P36）も楽しもう。

おしゃれな創成川エリア

のどかな川沿いの公園から東は、個性豊かなカフェや雑貨店が点在。

おみやげ探しに便利なスポット

1 大通BISSE《びっせ》

ハーブや革製品の専門店、豊富な品揃えのセレクトショップなどがあり、みやげ探しに最適。大通公園を望むカフェもある。
☎店舗により異なる

▶1階ビッセスイーツ

▼大通駅直結で便利

2 丸井今井札幌本店

創業140年以上の札幌の老舗百貨店。定番銘菓は大通館の地下2階で購入できる。
☎011-205-1151(代)

3 札幌三越

地下鉄南北線大通駅改札からすぐ。本館地下2階の菓子類は、みやげにおすすめ。
☎011-271-3311(代)

大通公園&さっぽろテレビ塔 フォトジェニックさんぽ

テレビ塔〜資料館まで 散策所要40分

札幌を象徴する名所の一つ、東西に細長い大通公園へはカメラを持って行きましょう。色鮮やかな花壇や美しい噴水、さまざまな彫刻作品など、みどころがいっぱいです。

DAY

西4丁目の噴水付近から
東側のテレビ塔をバックに撮影したいなら、逆光を避けて午後に。 3

クジラの尾を模したプレイスロープは、子どもに人気の遊具

テレビ塔をバックに記念撮影しよう

NIGHT

西3丁目の噴水から
夜になると噴水やテレビ塔がライトアップされ、幻想的な雰囲気に。 2

大通公園《おおどおりこうえん》

緑濃い札幌中心のオアシスゾーン

札幌中心部を東西に横切る全長約1.5kmの緑地帯で、街を区画する南北の基点となっている。約90種の樹木が植栽された園内には、丁寧に整備された花壇や表情豊かな水の変化が楽しめる噴水、多彩なアート作品が点在している。

☎011-251-0438 住札幌市中央区大通西1～12 ¥休◷散策自由 交地下鉄大通駅、地下鉄東西線西11丁目駅からすぐ Pなし MAP付録P9C4・11C1

イサム・ノグチの作品を発見

ブラック・スライドマントラ
イサム・ノグチが設計した、滑って遊べるモニュメント。黒御影石を使用している。

札幌市資料館《さっぽろししりょうかん》(旧札幌控訴院庁舎)

国指定の重要文化財

公園の西に隣接する石造りの建物で、大正15年(1926)に現在の高等裁判所・札幌控訴院として建設。復元した当時の刑事法廷などを見学できる。

☎011-251-0731 住札幌市中央区大通西13 ¥入館無料 ◷9～19時 休月曜(祝日の場合は翌平日) 交地下鉄東西線西11丁目駅から徒歩5分 Pなし MAP付録P6D2

クラシカルな建物とガーデンを一緒にパチリ

サンクガーデンから
カナールとよばれる水路やバラ園を配したガーデン越しに撮影。 4

とうきびワゴンは 西3・4丁目

4月下旬～10月中旬(予定)に販売する、大通公園の名物。トウキビは1本400円～。MAP P37中央左

オフィス街の間をまっすぐに延びる大通公園を眼下に望む。 1

ビルの明かりや街灯がキラキラと輝く夜景がすばらしい。 1

展望フロアから とっておきの1枚を

さっぽろテレビ塔《さっぽろてれびとう》

展望フロアから札幌をぐるり一望

大通公園をはじめ、札幌市街地を360度見渡せる、高さ147.2mの、札幌のシンボルタワー。地上90mの展望フロアには、非公式キャラクター・テレビ父さんの神社や「怖窓（こわそ〜）」を設置。地下1階に飲食店街を併設。

☎011-241-1131 住札幌市中央区大通西1 ¥展望台入場1000円 ◷9〜22時 休不定休 交地下鉄大通駅からすぐ Pなし MAP付録P8E4・P10E1

札幌の街並みを望む
展望フロア
地上90mの高さにある展望フロアから、東西南北360度のパノラマビューを見渡せる。

おみやげショップもある
3階フロア
チケットなしでも入場できる売店やレストランほか、入場者専用の休憩スペースもある。

ゆるかわいい テレビ父さんをお持ち帰り

「テレビ父さん」特大ぬいぐるみ
高さ35cm、幅・奥ゆき20cmの特大サイズ。

「テレビ父さん」プラカップ
真っ赤なカップは雑貨シリーズの一番人気。

展望フロア南東のガラス3枚を天井から床まで1枚ガラスにした「怖窓」

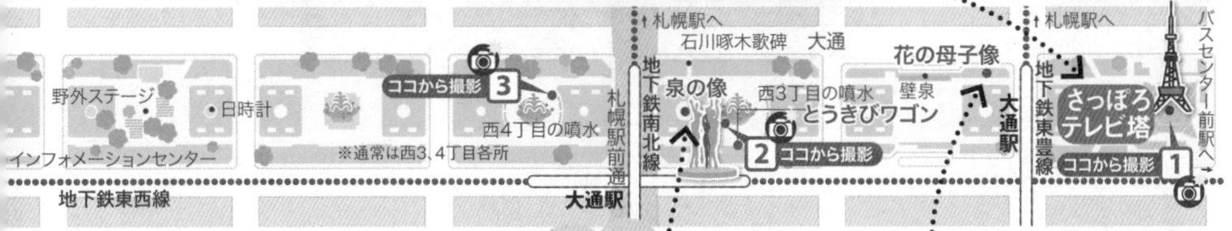

本郷新の作品を発見

山内壮夫の作品を発見

公園に配された噴水は周囲の緑とともにみずみずしい印象を与えている。写真は西3丁目の噴水

泉の像
円形の台から湧き上がる泉を3人の踊り子で表現した、札幌出身の彫刻家・本郷新の作品。

花の母子像
昭和期に活躍した山内壮夫による彫刻で、札幌丸井今井が創業100年を記念して寄贈。

大通公園には20点、その周辺も含めると30点以上もの彫刻作品やモニュメントなどが設置されています。

札幌随一のスイーツ激戦区で人気スイーツをCHECKしましょう

北海道みやげでおなじみの有名メーカー直営のカフェや、原材料にこだわったカフェが集まる大通公園周辺。ここでしか味わえない生スイーツを楽しみましょう。

CHECK！

「北海道ほっとけーき」を楽しめる専門店

椿サロン《つばきさろん》 大通店《おおどおりてん》

2023年6月オープンの人気店

おいしさを極限まで追求した無添加で、北海道産の原材料のみを使用。ひと口食べたその瞬間に雪のように生地が溶けていき、小麦の優しい甘みがふんわりと口全体に広がる。

☎011-222-2000 住札幌市中央区南1西2-9-1 PIVOT CROSS 7階 Ⓛ10～22時 休無休 交地下鉄大通駅から徒歩2分 Pなし MAP付録P10D1

北海道ほっとけーき プレミアム 1850円
北海道の小麦と卵を使い、じっくりと焼き上げた、無添加のほっとけーき

アフタヌーンティーセット 2600円
開放感たっぷりの店内で「ヌン活」を楽しめる。毎日14時～数量限定で提供

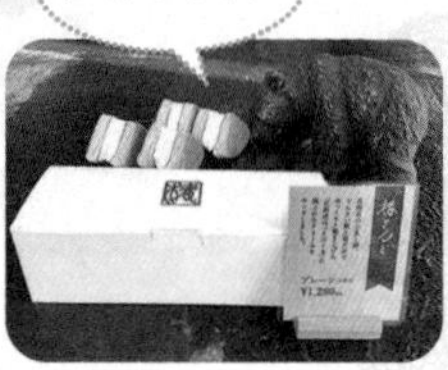

テイクアウト 椿さんど プレーン 4個入（冷凍） 1280円
雑味の無いピュア生地に極上の生クリームをサンド

CHECK！

シュークリームや和洋菓子！人気スイーツが勢揃い

北菓楼《きたかろう》 札幌本館《さっぽろほんかん》

内装のデザインは安藤忠雄氏

歴史的建造物をリノベーションし、2016年にオープン。1階ショップでは北菓楼の和菓子や洋菓子のほか、札幌本館でしか買えない限定商品も扱っている。2階は6000冊の蔵書が並ぶ本棚が圧巻のカフェ。

☎0800-500-0318 住札幌市中央区北1西5-1-2 Ⓛ10～18時(カフェは～16時30分LO、食事メニューは11～14時LO) 休1月1日 交地下鉄大通駅から徒歩5分 Pなし MAP付録P9C4

ケーキセット 990円
数種から選べるケーキとドリンクに、シフォンケーキとソフトクリームが付いて大満足！

チョコレートパフェ 950円
アクセントに入れたコーヒーゼリーがきいて、ビタースイートな味わい

CHECK!

ISHIYAが運営する北海道産チーズ使用のスイーツ

菓子《かし》と喫茶《きっさ》 SIROYA《しろや》

真っ白なチーズから生まれたスイーツ

北海道産のフロマージュブランを使用したSIROYAオリジナルのふわふわクレームダンジュ。中には自家製いちごソースやミルクアイスが。

☎080-8286-3289 住札幌市中央区大通西4-6-1 札幌大通西4ビル 地下2階 ◷9時～19時30分LO 休無休 交地下鉄駅直結 Pなし MAP付録P8D4

賞味期限はわずか10分!

SIROYAのクレームダンジュ 980円
口にした瞬間とろけてしまうほどフワフワな食感の新感覚スイーツ

白い恋人ソフトクリームを使ったパフェ

ストロベリーパフェ（左）、チョコレートパフェ（右）各980円
爽やかな酸味のいちごソースのパフェとプリン・チョコレートのパフェが2種類

KINOTOYAカフェ限定 北海道完熟いちご使用

いちごプリンソフト 770円
北海道美瑛産牛乳、北海道完熟いちごを使用

つぶあんや求肥も入る店舗限定メニュー

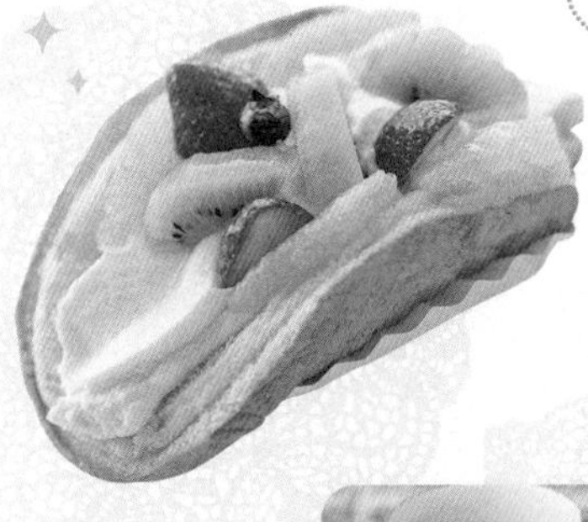

オムパフェセット990円
コーヒーまたは紅茶付き
ふわふわオムレット生地の中にクリームとフルーツがいっぱい

バームクーヘンセット 770円
コーヒーまたは紅茶付き
バームクーヘンと放牧牛乳ソフト、コーヒーの相性が抜群

しっとりとやわらかなバームクーヘンは必食!

CHECK!

北海道が誇る人気店のスイーツが食べられる

きのとや《きのとや》 大通公園店《おおどおりこうえんてん》・KINOTOYA cafe《きのとやかふぇ》

人気のオムパフェと種類豊富なケーキ

複合商業施設・大通BISSE1階にあるスイーツカフェ。高い天井と大きな窓の開放的な店内で、新鮮な北海道の素材を使ったソフトクリームやケーキを味わえる。

☎011-233-6161 住札幌市中央区大通西3 北洋大通センター1階 ◷10～20時 休無休 交地下鉄大通駅直結 Pなし MAP付録P8D4

さっぽろテレビ塔1階には、雪印パーラー本店（☞P30）の支店も。大通公園のベンチに座り、人気店のソフトクリームを楽しみましょう。

ココにも行きたい

大通公園のおすすめスポット

Ristrante《りすとらんて》 Mero《めろ》

北海道産のチーズを味わえる店

道内各地のチーズをブレンドした料理や、旬の道産食材をアレンジしたイタリアンが堪能できるレストラン。フレッシュな道産物のほか、料理と好相性の充実したワインも楽しめる。DATA ☎011-200-2300 住札幌市中央区大通西3大通BISSE4階 ◷11～15時LO、17～20時LO（金・土曜、祝前日は～21時LO） 休無休 交地下鉄大通駅直結 Pなし MAP付録P8D4

カフェ《かふぇ》 ラ《ら》 バスティーユ《ばすてぃーゆ》

ブレイクタイムをコーヒー&ケーキで

大通公園で30年以上続く、南仏風のアンティークカフェ。おすすめはドーム型のレアチーズケーキ650円で、変わらぬ人気を誇る。自家製ケーキとドリンクのセットは1000円～。バスティーユブレンドコーヒーは550円。DATA ☎011-241-5553 住札幌市中央区大通西1大通KHビル1階 ◷12～22時 休月曜 交地下鉄東豊線大通駅からすぐ Pなし MAP付録P10E1

匠鮨《たくみずし》

お手ごろ価格がうれしい道産握り

握りは昼夜とも同価格で、桜1650円（写真）や藤3300円と安心価格。店主自らが市場で吟味した魚介を、減農薬米のシャリで握る。14時までは花ずし弁当880円などお得なランチメニューも提供。DATA ☎011-272-3660 住札幌市中央区南2西7第3サントービル地下1階 ◷11時30分～14時LO、17～21時LO 休水・日曜、祝日 交地下鉄大通駅から徒歩6分 Pなし MAP付録P11B2

ATELIER《あとりえ》 Morihiko《もりひこ》

どっしり深めの自家焙煎コーヒー

注文が入るたび豆を挽き、ネルドリップでいれる自家焙煎コーヒーが好評。ブレンド748円（カップ）やストレートなど約7種揃う。パティシエが手がけるケーキは462円～。DATA ☎0800-222-4883 住札幌市中央区南1西12-4-182札幌ASビル1階 ◷8～20時（19時30分LO） 休無休 交地下鉄東西線西11丁目駅から徒歩3分 P4台 MAP付録P6D2

TOKUMITSU《とくみつ》 COFFEE《こーひー》大通店《おおどおりてん》

ビューカフェで憩いのひととき

大通BISSEの2階。大きく配したガラス窓越しに大通公園を一望できる。豊かな香りのコーヒーには、産地ごとの基準を満たした厳選豆を使用。9種類のブレンドから好みのものを選べる。オリジナルブレンド650円、ケーキ550円（セットで50円引き）。DATA ☎011-281-1100 住札幌市中央区大通西3大通BISSE2階 交地下鉄大通駅直結 ◷10～20時 休無休 Pなし MAP付録P8D4

サンドイッチの店《さんどいっちのみせ》 さえら《さえら》

創業昭和50年（1975）の人気専門店

看板メニューのサンドイッチは2種類の具材を選べて、組合せは100種類以上に。なかでも、個性的で美味なたらばがにサラダサンドが評判で、たらばがに&えびカツは1090円（写真）。DATA ☎011-221-4220 住札幌市中央区大通西2都心ビル地下3階 ◷10～17時 休水曜不定休（要問合せ） 交地下鉄大通駅直結 Pなし MAP付録P10D1

大通公園周辺のステキショップ

馬具メーカーや道産クラフトのショップで、お気に入りを探してみて。

ソメスサドル《そめすさどる》 札幌店《さっぽろてん》

馬具づくりの手業をカバンへ

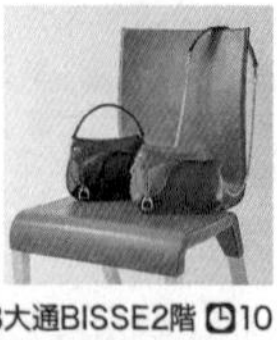

馬具づくりで培った技術と職人の手仕事でつくる革製品。鞄からインテリアまで数幅広く取り揃えている。DATA ☎011-261-3411 住札幌市中央区大通西3大通BISSE2階 ◷10～20時 休無休 交地下鉄大通駅直結 Pなし MAP付録P8D4

手作り鞄の専門店《てづくりかばんのせんもんてん》 水芭蕉《みずばしょう》 札幌店《さっぽろてん》

名前入れの無料サービスも！

革の宝石とよばれるコードバン製品のほか、軽さとやわらかさが特徴となる鹿革製品などが多数揃う。DATA ☎011-207-4077 住札幌市中央区南3西4狸小路内 ◷9～22時 休無休 交地下鉄大通駅1番出口から徒歩5分 Pなし MAP付録P10D2

YUIQ《ゆいく》

衣食住に関わるアイテムが集合

北海道在住作家の多彩な作品を取り揃えるセレクトショップ。写真はアイヌ文様グラス各8250円～。DATA ☎011-206-9378 住札幌市中央区大通西3大通BISSE2階 ◷10～20時 休無休 交地下鉄大通駅直結 Pなし MAP付録P8D4

ふむふむコラム
fumu fumu

開催期間
2月上旬の約1週間

北海道を代表する冬の祭典 さっぽろ雪まつり

精緻な大雪像やそのライトアップが印象的な、200万人以上が訪れる冬の風物詩。今や知らぬ人はいない大イベントも、地元での手づくり雪像から始まりました。

テレビ塔展望室からは全景を一望

細部まで精巧に作られた迫力ある大雪像　©HBC北海道放送

◀雪まつりを表現した2024年公式ポスター 写真提供：さっぽろ雪まつり実行委員会

大通会場以外もCHECK！

すすきの会場

ネオン瞬くすすきののメインストリートに約60基の氷像が登場。制作風景も見学できる。
☎011-518-2005（すすきの観光協会）🕒24時間見学可（ライトアップは日没〜23時、最終日は〜22時）MAP付録P10D3

つどーむ会場

雪体験コンテンツを中心に開催される。
☎011-281-6400（実行委員会）🕒2月上旬の約12日間開催、9〜17時 MAP付録P4D2

6基の雪像からスタートし 世界的な冬の祭典へと成長

第1回目が開催されたのは戦後間もない昭和25年（1950）。暗い世相を払拭し、また冬の観光資源となりうる催しはできないかと考えだされたのが始まりだ。イベントの目玉である雪像は当初、札幌の中・高校生が制作。「羆《ひぐま》」など6基が雪捨て場だった7丁目に並び、約5万人を集めたという。それから70余年、雪像の規模と比例するように観光客も増え、今や国内外から200万人以上を集める祭典へと成長。みどころはやはり大通会場で、特に4〜10丁目まで続く大雪像の連なりはみごとだ。寒さを忘れるほどの迫力で人々を魅了する。

☎011-281-6400（実行委員会）🕒24時間見学可（ライトアップは日没〜22時予定）MAP付録P9C4・P11C1

雪まつり 素朴な疑問あれこれ

Q 誰が雪像を作っているの？

A 大雪像は陸上自衛隊と民間団体やボランティアで構成される大雪像制作委員会が、中・小雪像は市民グループなどが制作。

Q 雪像の雪はどこからやってくる？

A 市内や近郊からきれいな雪をトラックで運んでくる。不純物の多い除雪の雪などは使わない。

Q これまでで最大の雪像は？

A 高さは第61回の「フラウエン教会」の26mが最高。規模では第23回の「ガリバーようこそ札幌へ」で、トラック1300台分の雪が使われた。

ほかにもあります

大通公園 四季のイベント

5月中〜下旬

さっぽろライラックまつり

約400本のライラックが花を咲かせる園内で、苗木の販売やキッズ向けの体験教室を実施。

☎011-281-6400(実行委員会)MAP付録P9C4・P11C1

6月上旬

YOSAKOIソーラン祭り

全国各地から集まった約240チームが、大通公園や市内各所で華やかな演舞を披露する。

☎011-231-4351(実行委員会)MAP付録P9C4・P11C1

提供：YOSAKOIソーラン祭り組織委員会

7月下旬〜8月中旬

さっぽろ夏まつり

大通公園のビアガーデンや盆踊り大会など、1カ月にわたってさまざまなイベントを開催。

☎011-281-6400(実行委員会)MAP付録P9C4・P11C1

9月上〜下旬

さっぽろオータムフェスト

実りの秋に開催されるグルメイベント。道内各地のご当地グルメやラーメンのブースが並ぶ。

☎011-281-6400(実行委員会)MAP付録P9C4・P11C1

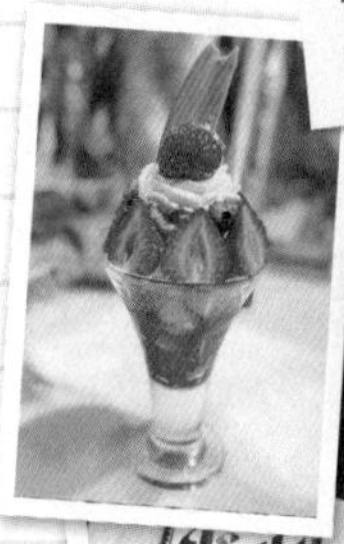

これしよう！

札幌ナイトの締めは夜パフェで！

飲み会などの締めをパフェで飾る「夜パフェ」。札幌の新トレンドだ（☞P48）。

これしよう！

しっとりBARで大人時間

ベテランバーテンダーの素敵なカクテルで、ムード満点のひとときを（☞P46）。

これしよう！

道内最大の歓楽街でグルメを満喫

ネオン輝くすすきの交差点を中心に多くの飲食店やバーが密集している（☞P44～）。

すすきのは
ココにあります！

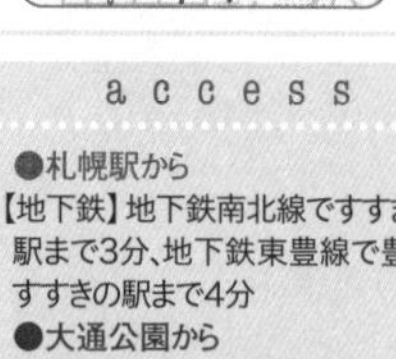

魅惑的なグルメが揃う道内随一の歓楽街

すすきの

すすきの

情緒あふれる炉端で肉厚のホッケを堪能

辛口の地酒は脂がのった魚介と相性抜群

こんなところ

東京の歌舞伎町、福岡の中洲と並び日本三大歓楽街の一つに挙げられるすすきの。バラエティに富んだ4000軒あまりの店が密集し、夜になると華やかなネオンに包まれる。ここでのお楽しみは、やっぱりグルメ。北海道ならではの極上魚介を堪能した後は、話題の「夜パフェ」で締めよう。

access

●札幌駅から
【地下鉄】地下鉄南北線ですすきの駅まで3分、地下鉄東豊線で豊水すすきの駅まで4分
●大通公園から
【徒歩】すすきの交差点まで10分

問合せ
☎011-213-5088
北海道さっぽろ観光案内所
☎011-211-3341 札幌観光協会

広域MAP
付録P10E2～11B3

〜すすきの　はやわかりMAP〜

アーケードが覆う狸小路商店街へ

西1〜7丁目のアーケード街は、老舗から新店まで約200軒が連なる商店街。

元祖さっぽろラーメン横丁で名物の味を存分に

すすきの観光名所。老舗から気鋭の店まで17店が連なる。

観光のヒント

しつこい客引きにご注意を

歓楽街とはいえ比較的治安はよく、危ない目に合うこともそれほどないが、なかにはしつこい客引きも。ついて行かないようにしよう。

＼キラキラネオンのランドマークビル／

1 nORBESA《のるべさ》

飲食店ほか、アミューズメント施設など約40店舗が入る。頂上高78mの屋上観覧車からは、日本新三大夜景都市に選ばれた札幌を一望できる。☎店舗により異なる、011-261-8875（観覧車）MAP付録P10C2

❶観覧車からは遠くの夜景まで楽しめる ❷観覧車は1周800円

2 すすきのビル

ニッカウヰスキーのネオンが目を引く飲食ビル。多種なジャンルの店が30軒ほどある。☎店舗により異なる

北海道産食材と地ビールや地酒を楽しめるお店へ

札幌の繁華街には魅力的な飲食店がいっぱい。
人気の居酒屋や大人の雰囲気が漂うバーで、札幌ナイトを楽しもう！

北海道産酒BAR《ほっかいどうさんしゅばー》 かま田《かまだ》

お酒にぴったりのつまみも充実

北海道の地酒やワインなど300種以上を揃える道産酒専門のバー。食材もオリーブオイル以外は道産というこだわりぶりだ。オーナーは世界きき酒師コンクールで準優勝の経歴をもつプロ中のプロ！

☎011-233-2321 住札幌市中央区南4西4MYプラザビル8階 営18時～午前1時(日曜、祝日は17～24時) 休不定休 交地下鉄南北線すすきの駅2番出口から徒歩2分 Pなし MAP付録P10D2

日本酒
1杯 880円～
ワイングラスで供される日本酒は定番のほか、季節ごとの限定品も用意。

ザンギ
ネギ酢と共に
880円

自家製とりハム
880円

道内各地の酒蔵の前掛けが飾られた店内

テイスティングセット 1300円
写真はすべて道産ビールで、左から登別鬼伝説、ニセコビール、帯広ビール。

エゾ鹿肉のロースト
1980円
新鮮なエゾ鹿肉をじっくりと火入れしレアに仕上げている。ビールと相性抜群！

ニューヨークのバーをイメージした店内は約50席

THE CRAFT《ざ くらふと》

樽生ビールと道産肉を味わえる

33種類と道内最大級の樽生ビールが揃うバー。道産素材にこだわり、厚岸《あっけし》から直送のカキやボリュームたっぷりの肉料理、シカゴピザといったフードが人気だ。3種類が選べるテイスティングセットで飲み比べを楽しもう。

☎011-241-5555 住札幌市中央区南4西4-7松岡ビル1階 営17時～午前2時(日曜、祝日は～24時。フードLOは各1時間前、ドリンクLOは30分前) 休無休 交地下鉄南北線すすきの駅2番出口から徒歩1分 Pなし MAP付録P10D2

チーズとワインも楽しめる

「Sapporo Cheese House Mero」は、旭川市のブルーチーズドリーマーをはじめ、道内各地の工房のチーズが味わえます。奥尻ワイナリーなどの道産ワインのほか希少なワインも用意。
☎011-252-1515 MAP付録P10E2

米風亭《べいふうてい》

名物・油そばは必食！

国内各社の樽生やベルギービール、クラフトビールなど約40種のビールが揃う人気ビアパブ。全国的にも評判の油そばのほか、スパイシーなジャークチキンやカスラー（豚肉の塩漬け）などビールと合うフードが豊富だ。

☎011-271-7397 住札幌市中央区南3西1和田ビル1階 時11時～午前1時30分LO 休無休 交地下鉄東豊線豊水すすきの駅1番出口からすぐ Pなし MAP付録P10E2

油そば 850円

ヒューガルデン ホワイト 1000円

フルーティーなベルギービールは濃厚な油そばと相性バッチリ！

店内はアイリッシュパブのような雰囲気

上品なインテリアに囲まれた、高級感漂う店内

コスモポリタン 1430円

クリームチーズカナッペ 550円

PUBLIC BAR KOH《ぱぶりっく ばー こお》

すすきのでも有数の老舗バー

昭和48年（1973）創業と、50年の歴史をもつ老舗。クラシカルな木製扉やチーク材の壁など、洗練された店構えながらノーチャージで楽しめる。落ち着いた雰囲気に浸りながら、100種を超えるシングルモルトやカクテルを傾けよう。

☎011-531-2801 住札幌市中央区南4西3すすきのビル8階 時17～24時 休日曜 交地下鉄南北線すすきの駅からすぐ Pなし MAP付録P10D2

直営《ちょくえい》 千歳鶴《ちとせつる》

札幌唯一の酒蔵直営の老舗居酒屋

札幌で150年続く酒蔵「日本清酒」の直営店。銘酒・千歳鶴を約30種類用意し、飲み比べセットや限定酒も。メニューも豊富で、北海道の山海の幸を使った鍋や焼き物などが並ぶ。

☎011-531-4788 住札幌市中央区南5西3ニューススキノビル1階 時17時～22時30分LO 休日曜 交地下鉄南北線すすきの駅3番出口から徒歩3分 Pなし MAP付録P10D3

約50年の歴史をもつ老舗。60席以上あり、座席の種類も多彩

からくち純米 柴田 528円

名物合わせとじ 1650円

ウニやホッキの海鮮とキノコの鍋はダシの味わいが絶品。日本酒と相性抜群。

北海道はワイン＆ビールの醸造が盛んで、ワイナリーや醸造所が増加しています。

今夜はゆるりと しっとりBARで大人時間

磨きこまれたカウンターで、ベテランバーテンダー自慢の一杯を静かに傾ける。
歓楽街すすきのには、そんな素敵な時間を過ごせる"大人のBAR"があるんです。

ドゥ《どぅ》 エルミタアヂュ《えるみたあぢゅ》

感性が光るオリジナルカクテル

カウンターに立つのは、札幌の女性バーテンダーの草分け、中田耀子さん。札幌軟石の壁と木目が調和するシックな空間で、約50種のオリジナルカクテルを楽しめる。年代物のスコッチやブランデーなどハイクラスなお酒も多数。

☎011-232-5465 住札幌市中央区南3西4南3西4ビル10階 ⏰17時30分～23時LO※23時30分閉店 休日曜、祝日 交地下鉄南北線すすきの駅から徒歩5分 Pなし MAP付録P10D2

ツヤのある一枚板のカウンターを間接照明が静かに照らす

おすすめ！

リタズドリーム 1700円
ニッカの創業者マッサン（竹鶴政孝氏）を愛し、ウィスキー作りの夢を共有したリタ夫人のイメージを表現。

たたみいわしのチーズサンド 1100円
タタミイワシにチーズをはさみ、香ばしく焼いた開店以来の人気おつまみ。

中田耀子さん
カウンターに立ち約45年。カクテルはもちろん、きめ細やかな心遣いも魅力。

チャーム・チャージ
1人1800円

BAR一慶《ばーいっけい》

人気映画の世界観を感じる

すすきのが舞台の映画『探偵はBARにいる3』でバーテンダーの演技指導を行った本間さんがオーナー。貴重なウイスキーが豊富に揃うほか、旬のフルーツを使ったカクテル（時価）が味わえることも。葉巻も用意している。

☎011-563-0017 住札幌市中央区南6西4-5-11 ジャスマック札幌2階 ⏰18時～午前3時（日曜、祝日は～午前2時）休無休 交地下鉄南北線すすきの駅から徒歩5分 Pなし MAP付録P10D3

ゆるやかな弧を描く独特のカウンター席。テーブル席も2卓ある

本間一慶さん
市内有名BARで修業後、独立。映画『探偵はBARにいる』最新作に出演も。

チャーム・チャージ
なし

おすすめ！

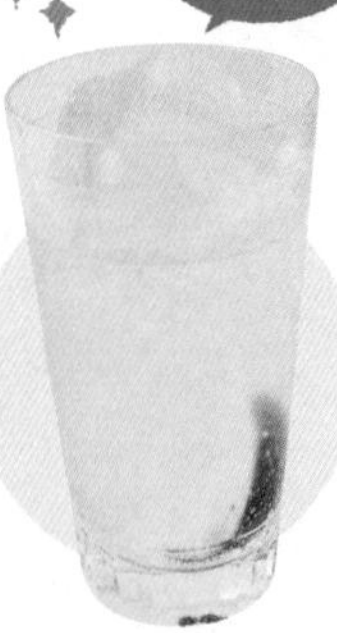

オリジナルジンのジントニック 1900円
積丹スピリットオリジナルジンのジントニック。ほのかな甘みと、香りが絶妙。

チョコレート 各200円
お酒によく合う自家製チョコレート。味は、ワイン・ウイスキー・紅茶など。

北海道の自然が育む
道産ワインを
おみやげに

個性豊かなワインを探すなら、すすきのの「ワインショップフジヰ」へ。千歳ワイナリーのケルナー白750㎖2640円や奥尻ワイナリーなど、約10ワイナリーの商品を扱っている。
☎011-231-1684 MAP付録P10D2

the bar nano.femto.《ざ ばー なの ふぇむと》

道産食材をカクテルで味わえる

ほうじ茶のほろあまカクテルや山わさびのカクテルなど、個性的な組み合わせのお酒が豊富に揃うバー。旬のフルーツを使ったカクテルや、ノンアルコールのカクテルが好評。つまみにぴったりの、道内各地のチーズもメニューにある。

☎011-231-2688 住札幌市中央区南3西3都ビル7階 ⏰17～24時(金・土曜は～午前2時) 休月曜 交地下鉄南北線すすきの駅から徒歩3分 Pなし MAP付録P10D2

カウンターとテーブル席の全20席。ビルの最上階にあり隠れ家的

おすすめ！

ブルーチーズカクテル1500円

ホワイトチョコの味わいの中に、道産ブルーチーズの香りがふわっと漂う一杯。

いちじくと発酵バター、大通産ハチミツを添えて900円

乾燥イチジクの中に、興部町・ノースプレインファームの発酵バターを詰めたもの。

水野麻莉江さん

最近はお茶やスパイスを使用したカクテルを創作。

チャーム・チャージ
800円

2001年開店。カウンター10席の店を根本さん1人で切り盛りする

Bar ねもと《ばー ねもと》

生フルーツで作るさわやかな一杯

旬の果実で作るフルーティーなカクテルや、シャンパンを使う軽やかな一杯など、女性にうれしいオリジナルレシピが豊富。バーテンダー・根本さんの飾らない人柄も魅力で、初めてでも気兼ねなくカウンターで憩える。

☎011-221-9333 住札幌市中央区南4西5つむぎビル地下1階 ⏰19時～24時30分 休日曜、祝日 交地下鉄南北線すすきの駅から徒歩5分 Pなし MAP付録P11C2

おすすめ！

パイナップルのフレッシュフルーツカクテル 1200円

パッションフルーツのリキュールにパイナップル果汁を加えて優しい飲み口に。

根本亜衣さん

札幌の有名バー「やまざき」で女性初のチーフを務めたのち独立。

チャーム・チャージ
1000円

チャーム1000円
（チャージ代込み）

日替わりのチャーム。ナッツやドライフルーツ、チーズなどが盛られる。

すすきのは日本三大歓楽街に挙げられるだけあり、レベルの高いバーテンダーが多数。各バーテンダーこだわりの一杯を楽しみましょう。

札幌ナイトの締めくくりは 甘〜い誘惑・夜パフェで！

夜ご飯の後や飲み会の帰り道、さわやか系のジェラート＆新鮮フルーツのパフェを楽しむ。札幌グルメの最旬ムーブメント・夜パフェの名店をご紹介しましょう。

おすすめメニュー

塩キャラメルとピスタチオ
1599円

濃厚な塩キャラメルとピスタチオのアイスに甘酸っぱいカシスムースと林檎のジュレでさっぱりとした後味に

ショコラとマンゴー
1757円

フランス・ヴァローナ社のチョコレートと完熟マンゴーを組み合わせた濃厚なパフェ

おすすめメニュー

いちごづくし
2420円

イチゴと相性の良いピスタチオやチョコとの組み合わせでイチゴの甘さが感じられるパフェ

パルフェ・ソレイユ
1518円

みかんとシャインマスカットが目にも華やかな色合いの大人な味わいの一品

パフェ《ぱふぇ》、珈琲《こーひー》、酒《さけ》、佐藤《さとう》

パフェに酒にと、豊かな味わいがうれしい人気店

道産牛乳で作るアイスクリームをはじめ、ソースや焼き菓子などもオリジナル。ネルドリップで丁寧に抽出する珈琲・イタリアンロースト616円ほか各種アルコールなど、ドリンクも充実。

☎011-233-3007 住札幌市中央区南2西1-6-1第3広和ビル1階 ⏰18時〜23時30分LO（金曜は〜24時30分LO）、土曜は13時〜24時30分LO（日曜は〜23時30分LO） 休不定休 交地下鉄大通駅から徒歩2分 Pなし MAP付録P10E2

狸小路1丁目に位置、店は和モダンな全25席

INITIAL《いにしゃる》 Sapporo《さっぽろ》

おしゃれな空間で、アートしたパフェが楽しめる

2016年のオープン以来、自家製ジェラートが評判のスイーツバー。味わいだけでなく、盛り付けにもこだわりがある独創的なパフェは、季節替わりなど全6種の人気商品が揃っている。

☎011-211-0490 住札幌市中央区南3西5-36-1F･DRESS五番街ビル2階 ⏰17時〜23時30分LO（土・日曜、祝日は14時〜） 休無休 交地下鉄南北線すすきの駅から徒歩3分 Pなし MAP付録P10D2

狸小路に面したビルにある全35席の素敵空間

季節限定の
パフェが楽しめる

ピスタチオとベリーのパフェ1280円が評判の「Dining&Sweets sinner」。席や空間が工夫され、自家製スイーツをゆったり味わえる。+200円でドリンクが付くセットもオススメ。
☎011-241-3947 MAP付録P10E2

おすすめメニュー

ピスタチオとチョコレート
1880円

ビターなチョコにピスタチオの香ばしさと濃厚さがうれしい。ジェラートのほか、カタラーナやアーモンドフロランタンなどいろいろな味と見た目の美しさを堪能できるパフェ

本日のおすすめスパークリングワイン
グラス700円

シュワッとさわやかなスパークリングワインは、パフェとも好相性。ドリンクとパフェのセットは1500円

おすすめメニュー

濃厚ピスタチオ静かな森のパフェ
1580円

濃厚なピスタチオジェラートのほか、バナナやナッツ、数種類のジェラートが入るパフェ

ルイボスティー
550円〜
(セット+300円〜)

シトラスをはじめ数種から選べる。パフェとの相性もよくおすすめ

夜パフェ専門店《よるぱふぇせんもんてん》 パフェテリア《ぱふぇてりあ》 パル《ぱる》

旬を大切にしたパフェが、テーブルに四季を運ぶ

旬のフルーツで作るパフェが好評な夜パフェ専門店。自家製ジェラートと手づくりのパーツすべてが味、ビジュアルともに創意工夫されている。食べ終わるまで、次々変わっていく味わいを楽しんで。

☎011-200-0559 住札幌市中央区南4西2-10-1南4西2ビル6階 ◷18〜24時(金・土曜、祝日前日は〜午前2時) 休不定休 交地下鉄東豊線豊水すすきの駅からすぐ Pなし MAP付録P10E2

落ちついた空間の店内は全76席

パフェ専門店幸せのレシピ〜スイート〜すすきの店《ぱふぇせんもんてん しあわせのれしぴ〜すいーと〜すすきのてん》

人を幸せにするスイーツが満載

パフェ専門店でありながら、ソフトドリンク、ワイン、ブランデー、ウイスキーなど、ドリンクも豊富に揃う。季節に合わせたフルーツの素材を使ったパフェはスイーツ好きな女子を魅了する。

☎011-596-9852 住札幌市中央区南3条西4丁目ビックシルバー地下1階 ◷19時〜午前3時、午前2時LO(土・日曜、祝日は14時〜) 休無休 交地下鉄南北すすきの駅から徒歩2分 Pなし MAP付録P10D2

白を基調としたおとぎ話のような空間

狸小路に誕生した新スポットへ行ってみましょう

北海道の各地から集まった、20店が軒を連ねる屋台村＋鮮魚生鮮市場のグルメスポットや都市型水族館が入った新たなランドマークへ足を運んでみましょう。

狸COMICHI《たぬきこみち》

20軒の個性豊かな飲食店が入る屋台村

狸小路2丁目にある、北海道の人気グルメが集まる注目スポット。屋台村のような雰囲気の館内で、食べ歩き&はしご酒を楽しんで。

住札幌市中央区南2西2-5 ⌚11〜23時(店舗により異なる) 休無休(店舗により異なる) 交地下鉄大通駅36番出口から徒歩3分 Pなし MAP付録P10E2

◀店内には飲食店のほか鮮魚や青果店も

クラフトビール
790円〜

スモーク3種盛り
880円

フィッシュ&チップス
830円(Mサイズ)

▲北海道産のクラフトビールを道産素材のフードとともに

CRAFT PUB《くらふと ぱぶ》 BRIAN BREW《ぶらいあんぶる》 狸COMICHI店《たぬきこみちてん》

北海道産クラフトビールを飲み比べ

ニセコ町や江別市など道内で作られたクラフトビールが6タップ揃う。道産のタラやサケを使うフィッシュ&チップスと一緒に味わおう。

☎080-4431-8022 ⌚11時〜14時30分LO、17時〜22時30分LO(土曜は11時〜22時30分LO、日曜、祝日は11時〜20時30分LO) 休無休

シハチ鮮魚店《しはちせんぎょてん》 狸COMICHI店《たぬきこみちてん》

☎011-590-4899 ⌚11時〜14時30分LO、16時30分〜22時LO 休無休

鮮度も質も抜群のネタを街ナカで味わう

「狸COMICHI」内の人気店。魚屋の直営で、店頭ではその日仕入れた魚介類も販売する。厚切りのネタが自慢で、丼を立体的に彩る。

名物!!シハチの10種海鮮丼
1848円

▶10種という名前だが、日替わりで13〜15種類のネタが盛られる

狸小路商店街

新旧の店が軒を連ねるアーケード街。明治6年（1873）から現存する「狸小路商店街」には、古くからこの地で商いを続ける商家や工芸店、みやげ物店などが点在している。

moyuk SAPPORO《もゆく さっぽろ》

札幌の新たなランドマークが誕生

地上は狸小路商店街と駅前通り、地下はさっぽろ地下街と直結する地上28階建ての商業施設。地下2階〜地上3階にはショップやフードコートが、4〜6階には都市型水族館「AOAO SAPPORO」がある。

住札幌市中央区南2西3 moyuk SAPPORO ¥時休施設による 交地下鉄大通駅から徒歩3分 Pなし MAP付録P10D2

ポールタウンから直結で好アクセス▶

[moyuk life & sweets] 暮らしに彩りと潤いを添えるフロア

[moyuk health & delicious] テイクアウトグルメと健康のフロア

「キタイワトビペンギン」のダイナミックな行動を間近で観察できる展示

AOAO SAPPORO《あおあお さっぽろ》

生物たちの営みから地球の多様性を感じる

札幌の中心部にありながら、自然の豊かな営みを感じられる都市型水族館。主要な展示として、東京、ポルトガルのリスボンについで世界3カ所目の常設展示となる「ネイチャーアクアリウム」を導入する。

住札幌市中央区南2西3 moyuk SAPPORO 4〜6階 ¥2200円 時10〜22時（最終入館は21時）休HP（https://aoao-sapporo.blue/）を参照 MAP付録P10D2

\ 水槽を眺めながら食を楽しむ /

シロクマベーカリー&《しろくまべーかりーあんど》

館内は全フロア飲食可能で、水槽を眺めながらパンやバルメニューを楽しめる。北海道産の小麦を使用したクロワッサンメニューやビールやカクテル、地元の素材を使用したバルメニューも販売。

▲生き物の生態系を水槽内で再現したネイチャーアクアリウム展示

「モユク」はアイヌ語で狸を指します。地下2階の「moyuk Dining」には食の魅力を発信する8店舗が展開します。

ココにも行きたい

すすきののおすすめスポット

濃厚かに味噌らーめん CRAB GANG《のうこうかにみそらーめん くらぶ ぎゃんぐ》

カニの味が染み込んだ絶品ラーメン

人気居酒屋・はちきょう（☞P58）の姉妹店。ズワイガニの味噌と身、香味油などが入り、カニをまるごと食べたような満足感がある。DATA ☎011-212-1962 住札幌市中央区南6西4-1-10 ◷11時30分～15時、18時～午前1時30分（土曜は～2時30分、祝日は17～24時、スープがなくなり次第終了）休日曜 交地下鉄南北線すすきの駅から徒歩2分 Pなし MAP付録P10D3

カオス ヘヴン 札幌店《かおす へゔん さっぽろてん》

道産ミルクが生み出す奥深いコク！

鶏ガラを7時間以上煮込み、約13種のスパイスを使った濃厚な味わいのスープカレー。牛乳を加えるミルクスタイル（+160円）などが選べる。DATA ☎011-562-1555 住札幌市中央区南5東2-12-3 ◷11時30分～21時30分LO 休火曜 交地下鉄東豊線豊水すすきの駅1番出口から徒歩5分 Pなし MAP付録P10F2

アイスクリームBar HOKKAIDO ミルク村《あいすくりーむばー ほっかいどう みるくむら》

リキュールで味わう大人のアイス

全メニューが、アイスとリキュールのセット。オリジナルのソフトに、ブランデーやリキュールなどをかけて味わう。定番はお酒2種にミニクレープやラム小豆が付くAセット1500円。DATA ☎011-219-6455 住札幌市中央区南4西3-7-1ニュー北星ビル6階 ◷13～23時LO※早まる場合あり（水曜は17時～）休月曜 交地下鉄南北線すすきの駅からすぐ Pなし MAP付録P10D2

プリン本舗 すすきの店《ぷりんほんぽ すすきのてん》

秘伝のカラメルソースが絶妙

牧場直送の新鮮ミルクや契約農場産卵で作る侍のプリンを販売。ほろ苦いカラメルソースが濃厚なプリンと溶け合う。1個160gの特大サイズで680円（写真）。DATA ☎011-520-2082 住札幌市中央区南4西3第3グリーンビル1階 ◷17時～23時30分 休不定休 交地下鉄南北線すすきの駅からすぐ Pなし MAP付録P10D2

エレクトリック シープ バー ススキノ店《えれくとりっく しーぷ ばー すすきのてん》

すすきのの夜景を一望

ビルの9階にあり、すすきのの夜景を眺めながら、本格的なカクテルを楽しめるバー。窓側にあるカウンター席は、カップルに人気だ。オリジナルカクテルは800円～。DATA ☎011-520-2233 住札幌市中央区南4西2 渡辺ビル9階 ◷18時～午前4時 休無休 交地下鉄南北線すすきの駅から徒歩2分 Pなし MAP付録P10D2

北海道浜料理 磯金 漁業部《ほっかいどうはまりょうり いそきん ぎょぎょうぶ》

旬魚介のダイナミックな舟盛り

漁港直送の新鮮魚介類を、刺身の盛り合わせ1～2人前1400円～や鍋、揚げものなどで堪能できる。カウンター以外はすべて半個室だ。DATA ☎011-252-1733 住札幌市中央区南4西4すずらんビル2階 ◷17時～22時30分LO（金・土曜、祝前日は～23時20分LO）休不定休 交地下鉄南北線すすきの駅からすぐ Pなし MAP付録P10E2

街中で自然とふれあえる 緑濃い都市公園へ

すすきのに隣接する中島公園。周辺の文学館や本格カフェも注目です。

中島公園《なかじまこうえん》

木々の緑に癒やされながら園内散策

緑豊かな街のオアシス。園内には、日本庭園やボート遊び40分800円を楽しめる池などがある。DATA ☎011-511-3924 住札幌市中央区中島公園1 ¥◷休散策自由 交地下鉄南北線中島公園駅または幌平橋駅からすぐ Pなし MAP付録P6E3

北海道立文学館《ほっかいどうりつぶんがくかん》

北海道ゆかりの文学資料を展示

北海道ゆかりの作家・作品にふれる。DATA ☎011-511-7655 住札幌市中央区中島公園1-4 ¥常設展観覧料500円 ◷9時30分～17時（展示室入場は～16時30分）休月曜（祝日の場合は翌平日）、年末年始 交地下鉄南北線中島公園駅から徒歩6分 P7台 MAP付録P6E3

MARUMI COFFEE STAND NAKAJIMA PARK《まるみ こーひー すたんど なかじま ぱーく》

本格コーヒーを気軽に楽しむ

注文を受けてから1杯ずつ抽出する本日のコーヒーは605円。テイクアウトは594円にて提供。DATA ☎011-513-8338 住札幌市中央区南14西6 KCメープルコート1階 ◷10～19時（土・日曜、祝日は9時～）休無休 P地下鉄南北線幌平橋から徒歩7分 P3台 MAP付録P6E4

いただかずには帰れません
札幌でぜひ味わいたい5つのグルメ

新鮮な魚介を存分に味わえる海鮮丼や寿司をはじめ、ジンギスカンなど道内の名物を手軽に満喫できます。味噌ラーメンにスープカレーといった札幌発祥の味も必食です。

海鮮丼を食べなきゃ始まらない 札幌のうまい海鮮丼

北海道は日本海と太平洋、オホーツク海に囲まれた魚介の宝庫。
自慢の鮮魚を思いっきり味わえる、厳選ネタたっぷりの海鮮丼をご紹介！

魚介が塔のようにそびえ立つ！
味も量も大満足の海鮮丼

海さくら ミチマロ&蝦夷海《うみさくら みちまろあんどえぞうみ》

札幌駅すぐそばのビル内にある海鮮居酒屋。10種類以上のネタが盛られた海鮮丼は、まるでタワーのような驚きのビジュアル！そのままはもちろん、手巻きやだし茶漬け、卵かけご飯など4種類の楽しみ方ができる。

☎011-206-8396 住札幌市中央区北5西5JR55ビル7階 ⏰11時30分～13時30分LO、17～22時LO(土・日曜、祝日は～21時LO) 休無休 交JR札幌駅から徒歩2分 Pなし MAP付録P9C2

▲JR札幌駅に地下で直結しており、アクセスも至便

札駅宝石丼(梅)+エビタワー2077円
10種類の海鮮を宝石のように散りばめている。北海道近海のネタは鮮度も抜群！

毎朝仕入れる魚介が
丼一面にてんこ盛り！

札幌市中央卸売市場 場外市場 海鮮食堂 北のグルメ亭《さっぽろしちゅうおうおろしうりしじょう じょうがいしじょう かいせんしょくどう きたのぐるめてい》

老舗海産物店が営む。毎朝仕入れる魚介や自家製イクラ醤油漬け、無添加の塩水ウニがのる海鮮丼のほか、浜茹で毛ガニやホッケの炭焼き、刺身などメニューは豊富。

☎011-621-3545 住札幌市中央区北11西22-4-1 ⏰7時～14時30分LO 休無休 交地下鉄東西線二十四軒駅5番出口から徒歩7分 P100台 MAP付録P7C1

海鮮丼3270円
ネタは特大のボタンエビやウニ、自慢のイクラなど15種類も！

◀全320席を備える広々とした店内

中央卸売市場、二条市場で朝食

明治初期に始まった由緒ある市場で、山海の幸や銘菓などが揃う。朝8時頃から営業している店が多く、"海鮮丼" はもちろん、寿司などひと味違う"朝ごはん"にもおすすめです。

☎店舗により異なる MAP付録P10E2

函館うに むらかみ《はこだてうに むらかみ》 日本生命札幌ビル店《にほんせいめいさっぽろびるてん》

各地から仕入れる厳選の無添加生ウニに感動！

道内各地を中心に仕入れる、その時期一番の無添加生ウニを提供。ウニ本来の甘みが存分に味わえるイチオシの生うに丼のほか、うにグラタンなど全7品が揃う、うに尽くしコース8800円（ディナー）も見逃せない！

☎011-290-1000 住札幌市中央区北3西4-1日本生命札幌ビル地下1階 ⏰11時30分～13時30分LO、17時30分～20時45分LO 休不定休 交札幌駅前通地下歩行空間2番出口直結 Pなし MAP付録P8D3

生うに丼7370円
無添加の生ウニが一面にたっぷり。特製のだし醤油が濃厚な甘みをさらに引き立てる

二条市場 大磯《にじょういちば おおいそ》

抜群の鮮魚がズラリ！二条市場の人気店

漁港や市場から仕入れたばかりの魚介を、海鮮丼や定食などで味わえる。フードマイスターの資格をもつ料理人がおり、米は苫前産ななつぼしを使用。地酒も揃う。

☎011-219-5252 住札幌市中央区南3東1～2 ⏰7時30分～15時LO、17～21時LO（日曜、祝日は7時30分～15時30分LOのみ営業）休水曜（祝日の場合は営業）交地下鉄大通駅34番出口から徒歩6分 P提携あり MAP付録P10E2

大磯丼1980円
（写真のバフンウニ付きは2680円）
これだけネタがのって驚きの価格！不動の一番人気だ

北海道料理 浜っ子《ほっかいどうりょうり はまっこ》 読売北海道ビル店《よみうりほっかいどうびるてん》

老舗居酒屋で味わう漁港直送ネタの丼！

創業50年を超える老舗居酒屋。ランチでは道内各地から直送されたネタの海鮮丼が味わえる。一番人気は、新鮮でなければ味わえないホッケの刺身がのる「ホッケとイクラの生ちらし」だ。夜の海鮮コースもおすすめ！

☎011-252-7899 住札幌市中央区北4西4-1読売北海道ビル地下1階 ⏰11時30分～22時30分（売り切れ次第終了）休不定休 交JR札幌駅直結 Pなし MAP付録P9C2

ホッケとイクラの生ちらし2800円
北海道でも珍しい、ホッケ刺しがたっぷりの海鮮丼。追加でウニのトッピングも可！

市場では海鮮みやげ探しも楽しみ。魚を選ぶときは表面の光沢をチェックしましょう。ツヤツヤ輝いているのが脂のりのいい証です。

鮮度もコスパも◎な実力店揃い 札幌の寿司はハイレベル

日本海、太平洋、オホーツク海の3つの海に囲まれた北海道は、豊富な海の幸が魅力。カウンターで食べるお寿司はもちろん、回転寿司も驚きのハイクオリティです。

カウンター寿司はランチメニューで

大通

鮨《すし》 棗《なつめ》 赤れんがテラス店《あかれんがてらすてん》

北海道庁旧本庁舎（→P26）を見下ろす人気店。旬のネタに細やかな仕事を加え旨みを存分に引き出している。夜のコースは6600円～で、ランチは2200円～味わえるのもうれしい。

☎011-205-0010 住札幌市中央区北2西4-1赤れんがテラス3階 ⏰11時30分～14時30分LO、17～22時LO 休無休 交JR札幌駅前通地下歩行空間4番出口直結 P提携駐車場あり(2時間無料) MAP付録P8D3

◀ガラス張りの窓から見下ろす赤レンガ庁舎やイチョウ並木などの景色もごちそうの一つ

葵 3300円
中トロやボタンエビなど9貫にミニサラダ、味噌汁、茶わん蒸しが付く

ランチセット 1540円
握りに本日の汁物、茶わん蒸しが付く内容充実のセット。ランチメニューは平日の11～15時限定

大通

町のすし家《まちのすしや》 四季花まる《しきはなまる》 時計台店《とけいだいてん》

札幌市時計台の隣のビルにあり、観光途中のランチにぴったり。道東産を中心とした厳選のネタを、落ち着いた空間で堪能できる。握り単品2貫308円～と良心的な価格も魅力。

☎011-231-0870 住札幌市中央区北1西2-1札幌時計台ビル1階 ⏰11～22時(21時30分LO)、金・土曜は～23時（22時30分LO）休無休 交地下鉄大通駅30番出口から徒歩5分 Pなし MAP付録P8D3

▲カウンターのほか、ゆったり過ごせるテーブル席もある

回転寿司でお腹いっぱい

回転寿司の名店といえばトリトン

「回転寿しトリトン豊平店」が、毎朝仕入れる季節のネタは鮮度抜群。こだわりのシャリとのバランスもよく、旬の味覚を提供。

☎011-817-7788 MAP付録P6F3

札幌駅周辺

回転寿司 根室花まる JRタワーステラプレイス店《かいてんずし ねむろはなまる じぇいあーるたわーすてらぷれいすてん》

気軽に楽しむ北海道の新鮮魚介

根室をはじめ、道内各地の港から届く新鮮ネタを1皿143円～のお手ごろ価格で提供。根室名物・花咲ガニの鉄砲汁418円も人気。

☎011-209-5330 住札幌市中央区北5西2JRタワーステラプレイス6階 ⏰11時～21時30分LO 休無休 交JR札幌駅直結 P契約駐車場利用 MAP付録P8D2

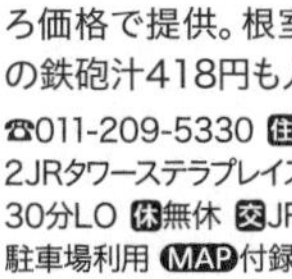

にしん308円
脂がのった根室産は8～10月に登場。

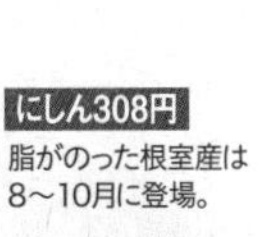

紅鮭すじこ醤油漬け418円
コクのある味わいで、とろけるような食感。

二階建てほたて(1皿1カン)308円
道東・野付産。肉厚で食べ応えも満点だ。

ほかに活北寄418円、サーモン中落ち209円もいただいて…

合計5皿で1661円

※メニューやその価格は時期により変動あり。

東豊線豊水すすきの

回転寿司 ぱさーる《かいてんずし ぱさーる》

安心価格でほおばる旬の美味

ネタは約70種と多彩で、1皿130円～とリーズナブルに味わえる。産地から毎日仕入れる旬の幸はもちろん、道産日本酒なども豊富で楽しみ。

☎011-242-5567 住札幌市中央区南4西2南4西2ビル1階 ⏰17時～23時30分LO(ネタがなくなり次第終了) 休日曜 交地下鉄豊水すすきの駅2番出口からすぐ Pなし MAP付録P10E2

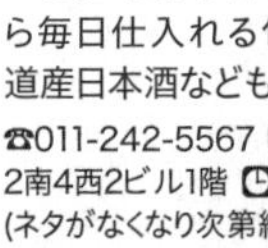

生カキ300円
道東産など、身がプリプリで人気。

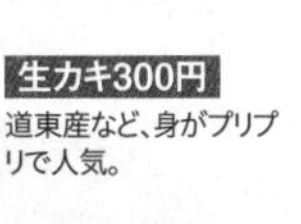

生ホッケ300円
新鮮でなければ味わえない、生の醍醐味を。

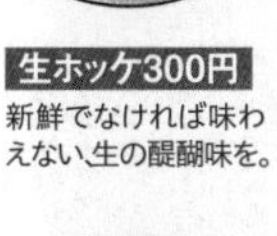

活ダコ250円
コリコリした食感と旨みが鮮度を伝える。

ほかに本マグロの赤身300円、炙りサーモン250円、しめさば200円もいただいて…

合計6皿で1600円

すすきの

回転すし 活一鮮 南3条店《かいてんすし かついっせん みなみさんじょうてん》

新鮮魚介を職人が握る本格寿司

北海道産の旬の魚介はもとより、漁港から直接仕入れた新鮮なネタが揃う。メニュー数は約80種。珍味や一品料理も味わえる。

☎011-252-3535 住札幌市中央区南3西5-1-11ノルベサ地下1階 ⏰11～15時、16時30分～22時30分LO(土・日曜、祝日は11時～22時30分LO) 休無休 交地下鉄すすきの駅から徒歩3分 Pなし MAP付録P11C2

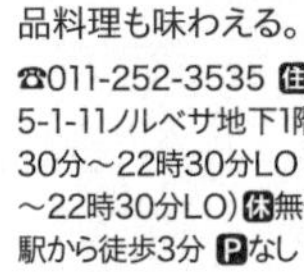

海水うに595円
口の中でとろりと溶けるちょっと贅沢な一品。

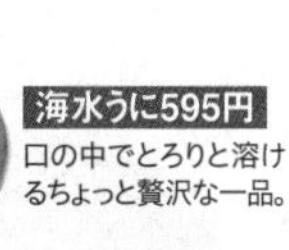

活ほっき493円
豊かな甘みを楽しめる苫小牧直送の活貝。

甘えび284円
プリッとした歯ごたえのエビは増毛産が中心。

ほかにマグロ328円、ほたて493円、真いか218円もいただいて…

合計6皿で2411円

北海道ならではのネタって?

3つの海に囲まれた北海道は新鮮魚介の宝庫。イクラやカニなど人気の高い定番ネタのほか、ニシンをはじめとする道内でしか味わえない季節のネタもおさえたい。

四季のイチオシネタはコチラ

春

春ニシン
旬●2～3月
上品な甘みの脂は、繊細な味わい。

夏

アワビ
旬 6月～7月中旬
コリコリとした食感が特徴で、滋味深い。

秋

サンマ
旬●7～10月
プリッと引き締まった身は産地ならでは。

冬

マダチ
旬●10～3月
クリーミーな舌ざわりのマダラの白子。

回転寿司の狙い目は、産地から直送される鮮度抜群の「活ネタ」。一番おいしい時期の魚介を、お手ごろ価格でいただきましょう。

いろいろ食べたい よくばりさんは 旬ネタいっぱいの海鮮居酒屋へ行きましょう

北海道の鮮魚をいろいろな料理で味わうなら居酒屋がおすすめ。
刺身に炭火焼き、鍋など、素材を生かしたメニューを満喫して！

夜景盛（3〜5人前）4708円
函館産ホッケや甘いホタテなど、日替わりの魚介がどーんと盛り付けられる

箱からはみ出るほど新鮮魚介がたっぷり！

すすきの

函館開陽亭 すすきの2号店《はこだてかいようてい すすきのにごうてん》

毎朝直送される活イカなど、各地から厳選した魚介を集めボリューム満点&お手頃価格で提供。看板メニューの「夜景盛」は、鮮度抜群の魚介をトロ箱にたっぷりと盛った豪快な一品だ。

☎011-512-2747 住札幌市中央区南5西6開陽亭ビル1階 ⏰17時〜23時15分LO（日曜、祝日は〜23時LO）休無休 交地下鉄南北線すすきの駅4番出口から徒歩4分 Pなし MAP付録P11C3

うにぎり 748円
最高級塩水ウニをのせたおにぎり。イクラの追加は+150円

店内の壁には函館の夜景をあしらっている

すすきの

北海道料理 海味 はちきょう 本店《ほっかいどうりょうり うみ はちきょう ほんてん》

道内各地から仕入れる新鮮魚介が味わえる。店内には大漁旗が飾られ、北国情緒たっぷりだ。威勢のよいかけ声とともに自家製イクラをどんどんのせていく「元祖つっこ飯」は必食！

☎011-222-8940 住札幌市中央区南3西3都ビル1階 ⏰18〜23時LO（日曜、祝日は17〜22時LO）休無休 交地下鉄南北線すすきの駅1番出口からすぐ Pなし MAP付録P10D2

元祖つっこ飯（中）2690円
自慢のイクラをてんこ盛りに！サイズは大中小が選べる

丼からこぼれんばかりの豪快パフォーマンス

道内産 真ホッケの開き 1280円
脂のりのいい、大きな真ホッケを炉端焼きでこんがりと

漁師たちが集まった番屋をイメージした店内

札幌駅周辺

居酒屋ふる里《いざかやふるさと》 札幌総本店《さっぽろそうほんてん》

ズラリと並ぶ魚介は、長年市場に通う社長が厳選したものばかり。「本日のおすすめ」として産地とともに記され、刺身や焼物で味わえる。各地の地酒や本格焼酎と一緒に楽しんで。

☎011-233-3311 住札幌市中央区北1西3札幌中央ビル4階 🕒17～23時LO（祝日は～22時LO）休無休 交札幌駅前通地下歩行空間7番出口からすぐ Pなし MAP付録P8D3

プロの目利きが仕入れる
厳選魚介を堪能！

刺身10点盛り合わせ 4950円
その日仕入れたオススメの魚介がたっぷり盛られる。3～4人でも十分な量

カスベ煮 800円
北海道ではなじみ深い、エイを甘辛く煮付けた一品

店内はカウンターやテーブルなど約110席と広々

すすきの

炭焼《すみや》き 北《きた》の味《あじ》 大助《おおすけ》

店主自ら道内各地を巡り、厳選した魚介が自慢。炉端焼きや豪快な刺身盛りで提供する。店内では大型モニターでスポーツ観戦ができる。

☎011-521-8989 住札幌市中央区南5西2 サイバーシティビル1階 🕒17～22時LO 休月曜 交地下鉄東豊線豊水すすきの駅4番出口から徒歩1分 Pなし MAP付録P10E3

道産木材を使う店内は全80席

市場直送の魚介を
心おきなく楽しむ！

お刺身盛り合わせ 2900円
知床や日高から直送の、鮮度抜群のネタをたっぷりと盛り付け

狸小路周辺

魚人《うおっと》 うおっと

道内を中心に全国から仕入れる魚介が楽しめる。名物のつかみ取りは取れば取るほどお得な豪快メニュー！ 串焼きや肉料理、各地の地酒などどれもリーズナブルに用意する。☎011-522-7794 住札幌市中央区南2西5南2・5ビル地下1階 🕒17時～23時30分LO 休無休 交地下鉄大通駅1番出口から徒歩5分 Pなし MAP付録P11C2

北海道の幸を
豪快につかみ取り！

甘エビのつかみ取り 980円
店の名物で、うまくいけば30尾以上取ることも！ 身は刺身で、頭は唐揚げにしてくれる

テーブル席のほか、ドカン型の半個室や中2階の小上がりなどユニークな全150席

毛ガニ、タラバガニ、ズワイガニ カニ＆海鮮料理を本場で！

カニの旨みを余すところなく伝えるカニ料理専門店。北国の美味魚介を供する海鮮料理店。魅力満載な各店に足を運び、憧れのカニ＆海鮮三昧といきましょう。

すすきの

きょうど料理亭《きょうどりょうりてい》 杉ノ目《すぎのめ》

風格漂う老舗で選りすぐりの北の幸を

創業昭和38年（1963）のカニと北海道料理の老舗。厳選された素材で彩り豊かに仕上げるカニ会席をはじめ、北海道の郷土料理を堪能できる。蟹会席 大雪コースでは焼きタラバや毛ガニ、ズワイなど、カニ本来の旨みを味わえる。

☎011-521-0888 住札幌市中央区南5西5 ⏲17時～21時30分LO 休日曜、祝日 ※営業時間、休日は変更の場合あり 交地下鉄南北線すすきの駅（4番出口）から徒歩3分 Pなし MAP付録P11C3

★予算 1万5000円～
★予約 可
※カウンター席はサービス料10%、個室はサービス料15%と部屋代1100円別途

カニ＋郷土料理

蟹会席 大雪
1人前 **1万6500円**
※写真はイメージ。内容は変わる場合があるので問い合わせを

1 石蔵を改装した佇まい 2 アイヌの家屋を再現した部屋「チセ」でカニ三昧

すすきの

かにと道産料理《かにとどうさんりょうり》 雪華亭《せっかてい》

極上のカニ会席を 個室でゆっくり味わえる

夏は内浦湾から日高、冬はオホーツクなど、季節ごとに産地を見極めて仕入れる極上のカニを提供。肉厚なタラバや繊細な松葉ガニなど、カニの持ち味を引き出す職人の技が冴える。

☎011-251-1366 住札幌市中央区南3西4J-BOXビル地下1階 ⏲17～22時LO 休不定休 交地下鉄南北線すすきの駅2番出口から徒歩3分 Pなし MAP付録P10D2

★予算 1万円～
★座敷、個室／喫煙不可／予約可
※サービス料10%別途

カニ＋郷土料理

特別懐石膳水雲
1人前 **1万2000円**
※税・サービス料別
毛ガニの半身、タラバガニの湯引き、松葉ガニのしゃぶしゃぶなど全8品

◀全席掘りごたつの個室でゆったり楽しめる

すすきの

札幌《さっぽろ》かに家《かにや》 本店《ほんてん》

目にも鮮やかなカニ料理に舌鼓

カニ会席やカニしゃぶなど、味わいも内容も充実するコース料理や、多彩な一品メニューで、カニ料理を心ゆくまで楽しめる。ズワイガニのお造り1540円はじめ、カニずしなど一品料理は、バラエティ豊かに50種以上。

☎011-222-1117 住札幌市中央区南4西2-11 11～14時LO、17～22時LO（土・日曜、祝日は通し営業） 休無休 交地下鉄南北線すすきの駅から徒歩3分 Pなし MAP付録P10E2

★予算 昼2000円～、夜6000円～
★予約 可
※個室はサービス料10%別途

◀掘りごたつ席やテーブル席など席種も多彩

あやめ 1人前 4180円～
ズワイガニのお造りなど全9品が付くランチ限定メニュー
※年末年始や雪まつり期間など繁忙期は提供不可の場合あり

えび・かに食べ放題コース（90分） 1人前 1万円～
毛ガニやタラバ足、ズワイ足、エビの天ぷら、寿司などが食べ放題！
※タラバ足は追加注文分からアブラガニを使用

すすきの

えびかに合戦《えびかにがっせん》 札幌本店《さっぽろほんてん》

食べ放題で心ゆくまでカニを堪能！

浜ゆでしたカニのコース料理が看板で、なかでも人気は毛ガニやタラバ、ズワイガニなどが食べ放題のえび・かに食べ放題コース。焼きタラバ足3700円など単品メニューも揃える。

▲ビルの12階にあり、夜景も評判

☎011-210-0411 住札幌市中央区南4西5F-45ビル12階 16時～22時30分LO 休無休 交地下鉄南北線すすきの駅2番出口から徒歩5分 Pなし MAP付録P11C2

★予算 6000円～
★テーブル、カウンター／禁煙／予約可

二条市場

二条《にじょう》かに市場《かにいちば》 マルダイ水産《まるだいすいさん》

カニ問屋ならではの海鮮丼を

根室のカニ専門卸会社の直営店。毛ガニやズワイ、花咲、タラバなど自慢のカニを海鮮丼や刺身で味わえる。店内の生簀からカニを選び、好みに合わせて調理してもらうこともできる。

☎011-281-2222 住札幌市中央区南3東1-8 8～16時LO 休無休 交地下鉄大通駅34番出口から徒歩5分 Pなし MAP付録P10F2

★予算 1800円～
★テーブル、カウンター／禁煙／予約可

▲二条市場にあり、店内は約40席と広々

かに丼 2900円
ズワイガニや花咲ガニが丼の上にたっぷり！ ※カニの内容は時期によって変更あり

ディープに？おしゃれに？好みで選べるジンギスカン

すすきのや狸小路界隈には、本場の味を楽しめるジンギスカン専門店がいっぱい。昔ながらのカウンターやスタイリッシュな店など、好みのスタイルを選べるのも魅力です。

カウンターでワイワイ
ディープに楽しむ

カウンターに並ぶ七輪で豪快に焼いて味わう

すすきの

なまらむじんぎすかん やまごや

生ラムジンギスカン 山小屋

特製ダレがラムの味を引き立てる

カウンター15席。山小屋風の店内で味わえるのは、ニュージランドやオーストラリアからチルド状態で送られてくる生ラム。クセがなくしっとりやわらかい肉質で、リンゴを使った特製ダレとの相性も抜群だ。付け合わせの野菜が食べ放題なのもうれしい。

☎011-271-2853 住札幌市中央区南4西4第5グリーンビル1階 ⏲16時～20時30分LO(土・日曜は11時30分～14時LO) 休日曜・祝日(連休時は要確認) 交地下鉄南北線すすきの駅から徒歩3分 Pなし MAP付録P10D2

◀開店直後から客足が途絶えない人気店

ラム肉1210円

赤身と脂身のバランスがいい肩ロースを使用。トマトは焼くことでより甘みが際立つ。

タレ＋薬味で召し上がれ

こちらもおすすめ

ラム肉&シカ肉
(数量限定)1375円
山小屋特製もち 440円

白ゴマ
香ばしさに加え、プチプチとした食感が、いいアクセントに。

すりおろしニンニク
パンチを求めるならコレ。すりおろしタマネギも。

トウガラシ
脂身のコクや香りを、ピリッと辛いトウガラシが引き締める。

タレ
野菜やリンゴを加えて熟成させた、醤油ベースの特製タレ。

すすきの

成吉思汗《じんぎすかん》だるま 本店《ほんてん》

昔ながらの店内で伝統の味を

昭和29年（1954）創業の老舗。スリットの入った鉄鍋で脂を落としながら焼くマトンは、臭みがなく、ジューシー。タレには、国産ニンニクや韓国唐辛子をお好みで。

☎011-552-6013 住札幌市中央区南5西4クリスタルビル1階 🕒17時～22時30分LO 休無休 交地下鉄南北線すすきの駅から徒歩3分 Pなし MAP付録P10D3
※徒歩3分以内に支店3カ所あり

▲カウンター16席のみの小ぢんまりとした店内

こちらもおすすめ
自家製キムチ 385円
チャンジャ 330円

ジンギスカン 1280円
肩ロース、ロース、モモなど、さまざまな部位を一皿で味わうことができる。

夜景を眺めて
ロマンチックに★

**北海道産
羊肉 1980円**
さっぱりとした後味とほのかな甘みが特徴。タマネギと長ネギはお通し150円で食べ放題。

すすきの

夜空《よぞら》のジンギスカン《じんぎすかん》 本店《ほんてん》

多彩な産地のラムを食べくらべ

ビル最上階の10階にあり、すすきのの夜景を眺めながらジンギスカンを味わえる。希少な北道産羊肉1980円をはじめ、オーストラリア、アイスランド産などのラムを用意。

☎011-219-1529 住札幌市中央区南4西4MYプラザビル10階 🕒17時～24時30分LO 休無休 交地下鉄南北線すすきの駅から徒歩2分 Pなし MAP付録P10D2

月寒

ツキサップ じんぎすかんクラブ《つきさっぷじんぎすかんくらぶ》

**約70年の歴史を誇る名店で
旨みたっぷりのマトンを！**

▲店内は約180席。テラス席も。

昭和28年（1953）からの歴史をもつマトン専門店。特注の鍋と炭火で焼くマトンはジューシーで旨みたっぷり！　コショウやショウガなどのスパイスを利かせた、サラリとした特製ダレがその味わいをさらに引き立てる。

☎011-851-8014 住札幌市豊平区月寒東3-11-2-5 🕒11～20時（木曜は17時～）休水曜、第3火曜 交地下鉄東西線南郷13丁目駅2番出口から徒歩15分 P約40台 MAP付録P4D3

こちらもおすすめ
ワイン グラス 600円、
ボトル 1900円～

ジンギスカン1人前1800円
生マトン200gに野菜、おにぎりが2個付く。足りない場合は追加注文するスタイル。写真は2人前。

スタイリッシュな
店内でいただく

**ジンギスカン
（肩ロース）1606円**
数日間熟成させることで、よりやわらかな食感に。タマネギや長ネギなどの追加各210円。

すすきの

ひげのうし《ひげのうし》

空間デザイナー設計のシックな店

タイル敷きの床に木目のシックな壁と、こだわりを感じる、モダンでオシャレな造り。ジンギスカン各種ほか、サラダやいもバター、デザートなど多彩なメニューが揃う。

☎011-281-2980 住札幌市中央区南3西5 🕒17～23時LO（日曜、祝日は～23時30分LO）休不定休 交地下鉄南北線すすきの駅から徒歩5分 Pなし MAP付録P10D2

ジンギスカン店では、どうしても煙で服に匂いが付いてしまいます。気兼ねなく味わうなら、匂いが付いてもいいラフな服装で。

キンキンに冷えたビールで乾杯！ビール園で楽しむジンギスカン

ジュージュー焼きたてのジンギスカンと、キリッと冷えた生ビールは最高の組合せ。新鮮な生ビールを提供する札幌市内のビール園で、その好相性を楽しんで。

北海道限定
クラシック＜樽生＞
小ジョッキ680円

サッポロ
ファイブスター
315mℓ750円

キングバイキング 3600円
（食べ放題120分、飲み放題付きは5280円）
ラムショルダー、山盛りの野菜などが食べ放題！
※LOは20分前、価格は変更の場合あり

1クラシカルなステンドグラスから光が差し込む 2大正時代のビール仕込み釜が目を引く開拓使館のケッセルホール

東区役所前

サッポロビール園《さっぽろびーるえん》

歴史ある赤レンガの建物でジンギスカンを

明治23年（1890）築の赤レンガ造りの工場を利用した開拓使館やポプラ館など、全4館からなる巨大ビール園。道内限定生ビールを片手に、ラム肉のジンギスカンや、道産食材を使った種類豊富な単品メニューを味わえる。

☎WEBサイトより（予約）住札幌市東区北7東9-2-10 ⏱11時30分～20時40分LO 休12月31日 交地下鉄東豊線東区役所前駅から徒歩10分 P150台 MAP付録P6F1

ジンギスカンとは？

スリット状の切れ目が入った鉄鍋で羊肉や野菜を焼き、醤油ベースのタレで味わう焼肉料理。肉はラムとマトンの2種が主流で、肉をタレに漬け込んだ“味付け”タイプもある。

ラム
生後1年未満の羊肉。クセがなくやわらかい。

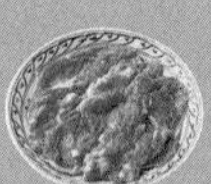

マトン
2歳以上の羊肉で、羊特有の深いうま味をもつ。

おいしい食べ方 3 Step

1 鍋をよく熱し、中央に牛脂かラードをのせ、周りに野菜を敷き詰める。

2 脂が鉄鍋に馴染んできたところで、すかさず食べる分の肉をのせる。

3 ほどよく焼き色が付いてきたら肉を裏返す。焼き過ぎないのがコツ。

食事前に見学してみて

サッポロビール博物館《さっぽろびーるはくぶつかん》

サッポロビール園の隣にある国内で最も歴史のあるビール博物館。サッポロビールの歩みを豊富な資料で紹介する。

☎011-748-1876 ¥入館無料 🕒11～18時（入館は～17時30分）休月曜（祝日の場合は翌日、特別休日あり） MAP付録P6F1

明治23年（1890）築の趣ある工場を利用

◀実際に工場で使われていた巨大な銅釜も展示

すすきの

キリンビール園 アーバン店《きりんびーるえん あーばんてん》

シーンに合わせ、ビール&料理に舌鼓

店内は、ビアホール席、和風個室、白を基調とした半個室など、それぞれ雰囲気が異なる造り。キリン千歳工場の一番搾り生ビールを、やわらかな生ラムジンギスカンや、海鮮メニューとともに楽しむことができる。

☎011-207-8000 住札幌市中央区南3西4アーバン札幌ビル7階 🕒17～22時LO 休無休 交地下鉄南北線すすきの駅から徒歩3分 Pなし MAP付録P10D2

開放感満点のビアホール

二大ジンギスカンと自家製ねぎ塩たれの豚焼肉食べ放題 4048円
（食べ放題100分、飲み放題は+1925円～）
特製タレ仕込みのジンギスカンと生ラム、ねぎ塩タレの染みた豚肉などを思う存分味わえる。

ビールはどれにしましょ？

＋

キリン一番搾り
中ジョッキ715円

キリン一番搾り<黒生>
中ジョッキ715円

すすきの

北海道ビール園《ほっかいどうびーるえん》

広々としたビアホール。掘りごたつ個室も

良質なサフォーク種の生ラムジンギスカンや道内各地のご当地メニュー、産地直送の海鮮や道産野菜などの北の味覚を丸ごと味わえる都市型ビアホール。エビスやSORACHIなど全9種のビールが飲み放題のプランも用意。

☎011-222-5550 住札幌市中央区南3西3Gダイニング9階 🕒17～23時LO、土・日曜、祝日16～23時LO 休年末年始 交地下鉄南北線すすきの駅から徒歩3分 Pなし MAP付録P10D2

2名～最大200名収容のビアホール

全5種ジンギスカン食べ放題 3600円（食べ放題120分）
生ラム、味付きラム、牛ロース、鶏、豚肉、焼き野菜、ライス、フライドポテト、ザンギ、ラーメンサラダ食べ放題！

ビールはどれにしましょ？

＋

ヱビスビール
中ジョッキ750円

SORACHI1984
中ジョッキ750円

花見の席でもジンギスカンを食べるのが道産子流。満開のサクラの下から盛大に煙が上がる風景は、北国の春の風物詩です。

札幌で生まれ、全国的に知られる人気グルメ・スープカレーを楽しもう！

スパイシーなスープに野菜がゴロゴロ入る札幌生まれの名物グルメ。
札幌っ子が愛してやまない刺激的でボリューム満点な一皿、ぜひお試しあれ。

スープの決め手
独自のスパイス配合で、コク・うま味・辛味のバランスがとれた味に。

北恵道 1360円＋涅槃（辛さ）230円
やわらかなチキンレッグほか、色とりどりの道産野菜やマメなど15種類の具材が入る。

南郷7丁目

マジックスパイス《まじっくすぱいす》

スープカレーの名付け親はココ！

チキンベースのさらりとしたスープは、約20種のスパイスを使った奥深い味わい。うま味充分で初心者でも食べやすい。辛さは覚醒＋80円から虚空＋290円まで7種あり、涅槃＋230円以上から具の量が増えていく。

☎011-864-8800 住札幌市白石区本郷通8南6-2 ⏰11～15時、17時30分～22時（土・日曜、祝日は11～22時） 休水・木曜 交地下鉄東西線南郷7丁目駅から徒歩3分 P15台 MAP付録P4D3

1真っ赤な壁が印象的な異国情緒漂う店内 2ヒンドゥー教の神・ガネーシャの像が目印

スープの決め手
鶏ガラをベースに、じっくり炒めたタマネギと独自のスパイスで仕上げを。

ナット・挽肉ベジタブル 1100円
納豆をはじめ、オクラ、ナメタケなど、ネバネバ素材が主役となる、一番人気のカレー

西11丁目

村上カレー店 プルプル《むらかみかれーてん ぷるぷる》

納豆メニューで一世を風靡！

滋味豊かなスープカレーが魅力。パンチの利いたキレのある味わいに定評があり、ネバネバ食材を用いたカレーは特にリピーターも多い。ランチタイムは辛さ20番まで無料、17時以降は0～100番が無料。

☎011-272-1190 住札幌市中央区南2西9ケンタクビル29地下1階 ⏰11時～14時30分、17～20時LO 休日曜、祝日 交地下鉄東西線西11丁目駅から徒歩3分 Pなし MAP付録P11A2

1ビル地下にある、隠れ家的カレー店。店内には心地よくレゲエが流れている

スープカレーって？

鶏ガラやトンコツ、香味野菜などでスープを取り、香辛料を加えたスープ状のカレー。スープには大きめにカットされた野菜がたっぷり入る。ライスは別皿で添えるのが一般的。

おいしい食べ方はこの3タイプ

1スープに浸す
ひと口分のライスをスプーンに取り、スープへ浸してから口へ。

2スープをかける
スープがとろみのあるタイプなら、ライスにかけて味わうのもOK。

3スープに入れる
ライスをスープに入れるのも、初心者には食べやすくてオススメ。

各店こだわりのレトルトカレー

人気店の多くがみやげ用のレトルトスープカレーを販売していて、家でも各店の味が楽しめる。写真は、マジックスパイス（☞P66）、スープカレーGARAKU（☞P67）など、忠実に再現された本場の味を体験してみましょう。

大通

スープカレー《すーぷかれー》 GARAKU《がらく》

秘伝スパイスと和風ダシのコク旨スープ！

豚骨に鶏ガラ3種類の部位、香味野菜など30種類の食材を使うブイヨンは“コク旨”な味わい。21種類のスパイスがスープに清涼感を生み出す。仕上げの和風ダシが味の決め手だ。

☎011-233-5568 住札幌市中央区南2西2おくむらビル地下1階 ⏲11時30分～15時LO、17時～20時30分LO（スープがなくなり次第終了）休不定休 交地下鉄大通駅36番出口から徒歩2分 Pなし MAP付録P10E2

ビル地下の店内はカウンターとテーブル席の約40席

かみふらのポークの豚しゃぶと7種きのこの森 1390円
スープが染み込んだ豚しゃぶ肉が絶品！キノコと野菜の彩りも鮮やか

スープの決め手
ガラクのカレーは和風ダシを利かせたコク旨な味わいと秘伝スパイスの調和がテーマ。

狸小路

SOUL《そうる》 STORE《すとあ》

旨みたっぷりのスープに大きなゴボウ揚げ！

豚骨や丸鶏、野菜を煮出し、魚介だしを合わせたスープはコクがあるのに後味スッキリ。スープは濃厚なボッサ(+100円)やサイケ(夜限定+100円)など4種から選択できる。

☎011-213-1771 住札幌市中央区南3西7-3-2F-DRESS7BLD2階 ⏲11時30分～15時LO、17時30分～20時30分LO(日により18時～の場合もあり、売り切れ次第終了) 休月曜 交地下鉄大通駅1番出口から徒歩7分 P3台 MAP付録P11C2

狸小路のビル2階にあり、店内は全26席

道産牛のネギ塩煮込みとまいたけ天のカリー 1500円
じっくり煮込まれた牛肉や器から飛び出た特大の天ぷらなど具だくさん！

スープの決め手
選べるスープは全部で4種類。ボッサはスープが濃厚でコクがたまらなくクセになる。

大通

SOUP《すーぷ》 CURRY《かりー》 KING《きんぐ》 セントラル店《せんとらるてん》

深みとコクのあるダブルスープを堪能

豚骨と鶏ガラを2日間煮込む濃厚なスープと和風ダシのWスープが人気。スパイスとのバランスもよく、まろやかでコク深い味わいだ。定番ほか、月替わりのメニューも要注目！

☎011-213-1230 住札幌市中央区南2西3-13-4カタオカビル地下1階 ⏲11時30分～15時LO、17時30分～21時LO（土・日曜、祝日は11時30分～21時LO）休無休 交地下鉄南北線北12条駅から徒歩3分 Pなし MAP付録P10D2

ビル地下の店内はカウンターとテーブルの約30席

チキン野菜カリー 1700円
定番のチキンに、たっぷりと11種類の野菜が入った豪華な1皿

スープの決め手
鶏ガラ・ゲンコツに香味野菜を加えたコクスープと和風1番だしのうま味スープのWスープ。

スープカレーは、店によりスープのベースや使われている具材・スパイスが全く異なります。ハマる味を求めて食べ歩きしてみては？

名物の札幌ラーメン！ 王道の味噌ラーメンをいただきます

味噌ラーメンの発祥の地・札幌。市内には数千軒もの専門店があると言われ、味噌といっても味わいはさまざまです。最初に行くならコチラです！

美園

麺屋《めんや》 彩未《さいみ》

札幌ラーメンを代表するベストバランスな一杯

郊外の住宅地にありながら、全国的にも名高い超人気店。ゲンコツや鶏ガラをベースに、3種類の味噌を合わせたスープは、とろりと濃厚だが食べ飽きない。中太縮れ麺とのバランスも絶妙で、札幌ラーメン界を牽引する一軒だ。

☎011-820-6511 住札幌市豊平区美園10-5-3-12 ⏰11時～15時15分LO、17時～19時30分LO（火～木曜は夜の部休み） 休月曜、ほか月2回不定休あり 交地下鉄東豊線美園駅1番出口から徒歩4分 Pなし MAP付録P4D3

店内は全24席

味噌らーめん 900円

札幌ラーメンの王道を歩む一杯。濃厚なスープは、添えられたおろしショウガを溶かせばすっきりとしたアクセントが加わる

味噌ラーメン 1000円

白髪ネギやキャベツ、ニンジンなど野菜たっぷりで盛り付けも美しい。味だけでなく、香りや彩りなど五感に訴えるラーメンを目指す。

すすきの中心部にあり、店内はカウンター10席

すすきの

札幌味噌ラーメン専門店《さっぽろみそらーめんせんもんてん》 けやき すすきの本店《すすきのほんてん》

3種の味噌を合わせたタレが奥深い味わいを生み出す

「一品料理としてのラーメン」を追求する、札幌でも珍しい味噌専門店。ゲンコツや鶏ガラを約10時間煮込んだスープは、濁りがなくすっきり。大豆や麦など3種類の味噌のうま味が溶け込み、コクとキレのある味わいだ。

☎011-552-4601 住札幌市中央区南6西3睦ビル1階 ⏰10時30分～午前3時（日曜、祝日は～午前2時） 休無休 交地下鉄南北線すすきの駅3番出口から徒歩3分 Pなし MAP付録P10D3

元祖は「だるま軒」、発祥は「味の三平」

昭和22年（1947）創業の二条市場にある札幌らーめんの元祖「だるま軒」MAP付録P10E2は写真の醤油ラーメンがおすすめ。味噌ラーメンは、昭和29年（1954）に「味の三平」MAP付録P10D1の初代店主が考案し、「札幌＝味噌」のイメージが定着。

発寒

八乃木《はちのき》

どこまでもマイルドなスープ

豚骨と煮干しを使い丹念にだしをとったスープが、特製味噌の味わいとみごとに調和。数日寝かせた歯ごたえのある特注麺との相性もバッチリだ。絶妙な火加減のモヤシやカットした穂先メンマなど、全ての具材が絶妙に絡み合う。

☎なし 住札幌市西区発寒7-14-1-33 ⌚11～15時、17時～19時30分（水曜は昼の部のみ営業）休木曜 交JR発寒駅から徒歩11分 P12台 MAP付録P5B2

みそら～めん 950円
まろやかなスープは最後まで飲み干せる優しい味わい。麺とスープ、各具材がバランスよくまとまった一杯。

店内はカウンター8席とテーブルが4席。待ち合い場所もある

中島公園

味噌らーめん専門店《みそらーめんせんもんてん》 狼スープ《おおかみすーぷ》

体に優しい正統派味噌

札幌でも珍しい味噌ラーメンの専門店。栄養価が高いスペルト小麦配合の麺や木樽仕込みの信州味噌、平飼いの有精卵など、全食材に徹底的にこだわった進化系味噌ラーメンが味わえる。

☎HPを確認 住札幌市中央区南11西1-5-1 ⌚11～15時LO、17～19時LO（月曜は昼のみ営業、スープがなくなり次第終了）休火・水曜 交地下鉄南北線中島公園駅3番出口から徒歩4分 P1台 MAP付録P6E3

味噌卵らーめん 1050円
濃厚で力強い味わいながら、後味はすっきり。道産SPF豚のチャーシューもうまい。

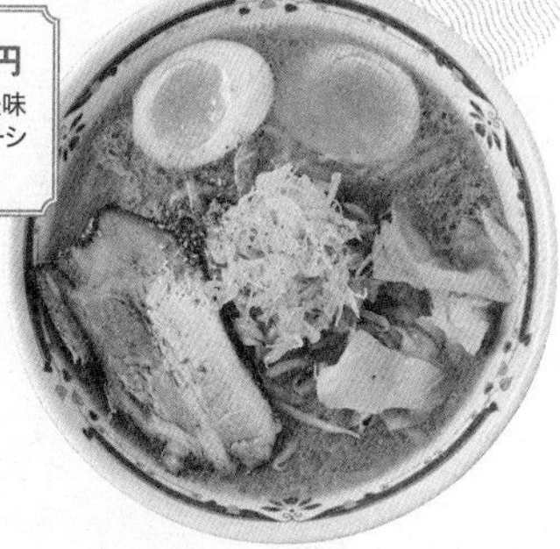

天井にびっしりと著名人の色紙が飾られている

発寒中央

札幌麺屋《さっぽろめんや》 美椿《みつば》

まろやかな濃厚スープ

「麺屋 彩未」で長年修業し、暖簾分けを受けた店主が生み出す一杯は、濃厚でキレのある清湯スープと3種の味噌、特注の縮れ麺が抜群の相性。札幌ラーメンの王道を受け継ぎつつも、進化した味噌が堪能できる。

☎011-676-9685 住札幌市西区発寒10-4-6-25 ⌚11～15時LO（土・日曜は10時45分～）、17時～19時40分LO 休月曜（ほか月1・2回不定休あり 交JR発寒中央駅から徒歩4分 P9台 MAP付録P5C2

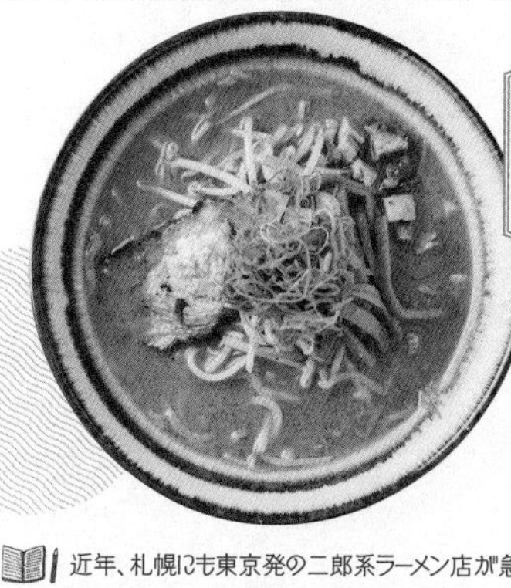

味噌 930円
道産白味噌や九州の麹味噌を使っており、芳醇かつまろやかな印象。

白を基調とした店内はカウンターとテーブルの16席

近年、札幌にも東京発の二郎系ラーメン店が急増中。昼夜で異なるメニューをだす二毛作系など、新形態の店も登場しています。

食卓を賑わす北の幸
グルメなみやげをお持ち帰り

家に帰ってからも楽しみたい、豊かな大地や海の恵みがもたらす北海道の味覚。
旅の余韻とともに日々の食事を楽しく彩ってくれる品々をセレクトしました。

厚みがあり羊肉の深みのある味わい

ココで販売 A

meat shop Oohata 北海道 大畠精肉店の上肉じんぎすかん 500g(2人前)1500円

マトンのモモ肉を地元産の野菜で作った秘伝ダレに漬け込んだジンギスカン。

中はとろ〜り表面こんがり

ココで販売 B

ティンカーベルのチーズベーク 約15cm 1998円

サクッと香ばしいパイ生地に4種のチーズと自家製カスタードクリームの絶妙ブレンド。

※月・金曜の入荷

絶大な人気を誇るベストセラー

ココで販売 C

佐藤水産の鮭ルイベ漬 110gビン入り 1296円

北海道産の天然鮭といくらを「鮭醤油」が入ったタレに漬け込んだ珍味。

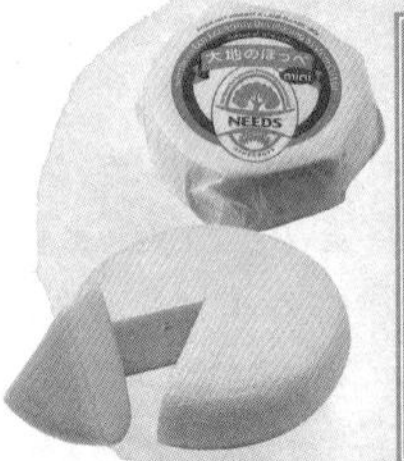

おつまみや料理に合うニーズのチーズ

ココで販売 A

NEEDSの大地のほっぺミニ 180g 1102円

柔らかいミルクの餅をイメージしたチーズ。グラタンなどの加熱料理にも。

無添加だからこそのなめらかな口溶け

ココで販売 B

月のチーズのフレッシュクリームチーズ(プレーン) 150g 1048円

口に含むと舌の上でスーッと溶けていく、クリーミーなフレッシュクリームチーズ。

ひと口サイズで広がるコクと旨味

ココで販売 C

佐藤水産の手まり筋子 100gビン入り 2340円

ひと口サイズの食べやすい筋子。塩分の浸透が早く、まろやかな味わいに。

札幌駅周辺

北海道どさんこプラザ《ほっかいどうどさんこぷらざ》札幌店《さっぽろてん》 A

道産品のアンテナショップ。定番みやげの銘菓から、ほかでは見られない小さな工房の製品まで、約2300品目が揃う。

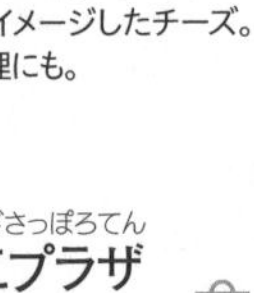

☎011-213-5053 住札幌市北区北6西4JR札幌駅西コンコース北口 ◷8時30分〜20時 休無休 交JR札幌駅直結 Pなし MAP付録P8D2

大通公園

<まるい>道産食品セレクトショップ《まるいどうさんしょくひんせれくとしょっぷ》きたキッチン オーロラタウン店《きたきっちん おーろらたうんてん》 B

農・海産加工品や調味料、スイーツなど魅力あふれる道産食品約1200点を販売。

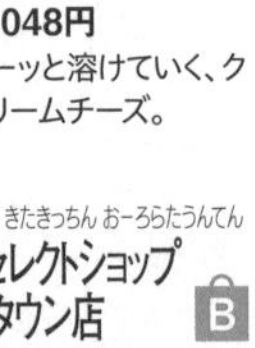

☎011-205-2145 住札幌市中央区大通西2さっぽろ地下街オーロラタウン内 ◷10〜20時 休不定休 交地下鉄大通駅直結 P契約駐車場あり(利用に応じて無料) MAP付録P8E4・P10E1

札幌駅周辺

佐藤《さとう》水産《すいさん》 本店《ほんてん》 C

鮭を中心に豊富な種類を取り扱う高品質海産物専門店。定番の人気商品は、鮭ルイベ漬、いくら醤油漬、手まり筋子など。海鮮弁当やおむすびもおすすめ。

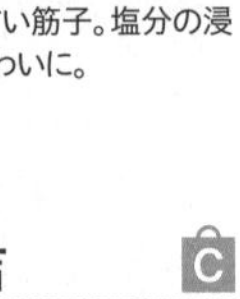

☎0120-310-643 住札幌市中央区北4条西3丁目 ◷9時30分〜18時30分 休無休 交JR札幌駅から徒歩2分 Pなし MAP付録P8D2

札幌中心部から郊外へ
日帰りおでかけしませんか

札幌の街ナカ観光を満喫した後は、郊外へプチ旅はいかが？
きらめく夜景に感動したり、アートやスポーツに親しんだり。
地元で人気のおさんぽタウン円山へ足をのばしたり。
地下鉄や市電、バスを利用して手軽にアクセスできます。

動物と公園の緑に癒されて 円山半日てくてくさんぽ

地元っ子に愛されている動物園を訪ねたり、神聖な空気が漂う神社にお参りしたり。さわやかな天然林が広がる円山公園一帯で癒しのおさんぽを楽しめます。

札幌市円山動物園《さっぽろしまるやまどうぶつえん》

見学所要 3時間

キュートな動物たちとご対面

ホッキョクグマやユキヒョウなどの哺乳類をはじめ、鳥類、は虫類など約150種類の動物を飼育・展示。毎日実施の「円山ZOOガイド」では、飼育員による生態等の詳しい解説などを聞くことができる(詳しいスケジュールはHPで要確認)。

☎011-621-1426 住 札幌市中央区宮ヶ丘3-1 ¥ 入園800円 ⏰9時30分～16時30分(11～2月は～16時) 休 第2・4水曜、(8月は第1・4水曜) P 有料959台 交 地下鉄東西線円山公園駅からジェイ・アール北海道バス円山西町神社前行きなどで5分、動物園前下車すぐ MAP 付録P7B3

お腹がすいたら これ食べよう

揚げパン
各320円
一番人気の品。プレーン、きなこ、シナモンなど全3種。
→ネイチャーカフェ・アース MAP P72中央左

北海道ソフトクリーム 濃厚ミルク
420円
よつ葉のコクのあるミルクを使ったソフトクリーム。動物クッキー付き。
→Zoo Cafe MAP P72左下

キュートなおみやげ 連れて帰ろう

円山動物園 QR付サブレ
1100円
QRを読み込むと特別な動画が見られる。
→オフィシャルショップ MAP P72左下

オリジナル エゾモモンガマスコット
1100円
ふわふわ感と愛らしい顔が人気のマスコット。
→オフィシャルショップ MAP P72左下

ホッキョクグマ
陸上に生息する最大の肉食獣で、体長は2～2.5m。水中トンネルからは、元気に泳ぐ姿を間近に見ることができる。

シンリンオオカミ
オオカミの中でも、比較的大きな種。鋭い目つきを観察してみよう。

アジアゾウ
ゾウ舎ではミャンマー連邦共和国からやってきたゾウの姿が見られる

ユキヒョウ
ヒマラヤなどの高山に生息し、灰色や白の美しい毛並みが特徴。

円山動物園
正門からすぐ

六花亭の喫茶室でちょっと休憩

円山公園駅近くの「六花亭 円山店」の2階喫茶室ではホットケーキ750円（写真）などを味わえます。1階には人気商品が並ぶショップも併設。

☎0120-12-6666 MAP付録P7B3

かわいらしいエゾリスやアカゲラなど、野鳥が生息している

円山公園《まるやまこうえん》

見学所要 30分

四季折々の豊かな自然を満喫

春は桜、秋は紅葉の名所としても知られる緑深い公園。明治時代に植えられた樹齢120年以上のカラマツやハルニレなどの大木が枝を広げる園内には散策路があり、森林浴を楽しめる。円山登山道の入口も園内一画に。

☎011-621-0453 住札幌市中央区宮ヶ丘 ¥営休散策自由 交地下鉄東西線円山公園駅から徒歩5分 Pなし MAP付録P7B3

春は桜が
とってもキレイ

エゾヤマザクラなど約150本が開花する

園内の散策路を歩きながら
北海道神宮へ

北海道神宮《ほっかいどうじんぐう》

見学所要 15分

自然豊かな札幌のパワースポット

開拓三神と呼ばれる神々や明治天皇を祀る道内最大級の神社。約18万㎡もの広大な境内には、開拓功労者を祀った神社や梅林などがある。

☎011-611-0261 住札幌市中央区宮ヶ丘474 ¥散策自由 営6～17時（季節により変動あり） 休無休 交地下鉄東西線円山公園駅から徒歩15分、ジェイ・アール北海道バス北海道神宮下車徒歩1分 P有料230台 MAP付録P7B3

厳かな雰囲気の拝殿。お守りやおみくじは神門横にある授与所で

お守りを
いただいて

肌守500円

円山公園駅から
西18丁目駅へ地下鉄東西線で2分

札幌中心部へ戻る前にぜひ行ってみて

クラシカルな2階応接室。奥に暖炉が備えられている

1999年に登録有形文化財に登録された

北海道知事公館《ほっかいどうちじこうかん》

見学所要 30分

かつての迎賓館や庭園を見学

昭和11年（1936）に三井合名会社の別邸（三井倶楽部）として建設。昭和28年（1953）に知事公館となる。公務のない日は建物内も見学可（要問合せ）。

☎011-611-4221 住札幌市中央区北1西16 ¥入館無料 営9～17時。庭園開放は8時45分～17時30分（季節により変動、12～4月下旬は閉園）休土・日曜、祝日（庭園は期間中無休）交地下鉄東西線西18丁目駅から徒歩5分 Pなし MAP付録P7C2

素敵タウン円山で訪ねたい カフェ＆レストランと雑貨店

ちょっとのぞきたくなるような、雰囲気のいい店が点在する円山エリア。
隠れ家カフェや地元作家が手がける雑貨を探しに、ふらりと散策してみましょう。

木造民家を
リノベーション
ステキカフェへ

▲吹き抜けの店内。1階からコーヒーを淹れるいい香りが上ってくる

◀タルトには、旬の野菜や果物が使われる

▶各テーブルには素敵な花器に季節の花が

森彦《もりひこ》

懐かしい空間で 安らぎのひと時を

自社焙煎珈琲ブランド直営カフェ。築70年ほどの民家を改装したレトロ感漂う店内で、香り深い一杯を楽しめる。店頭ではコーヒー豆の小売りも。

☎0800-111-4883
住 札幌市中央区南2西26-2-18 ⏰9～19時LO（土・日曜、祝日は8時～）休 無休
P 9台 交 地下鉄東西線円山公園駅から徒歩4分 MAP 付録P7C3

▲山ブドウのツタが這う白壁の建物。秋には山ブドウの実がなる

珈房《こうぼう》 サッポロ珈琲館《さっぽろこーひーかん》 北円山店《きたまるやまてん》

香り豊かな一杯を レトロモダンな空間で

自社契約農園産の生豆を炭火で焙煎する、自家焙煎コーヒーが人気。昭和6年（1931）築の古民家を再利用した店内は居心地がよい。自家製スイーツも魅力。

☎011-615-7277 住 札幌市中央区北6西20-1-5 交 地下鉄東西線西18丁目駅から徒歩10分 ⏰9～19時 休 月曜 P 9台 MAP 付録P7C2

▲シフォンケーキはチョコレートのほか、季節の味もある

▶窓辺や柱など、建築当時の面影を残す店内

▲窓辺から差す陽光も、席の配置も心地よい店内

La Santé《らさんて》

新鮮食材でその季節を表現

肉や魚だけでなく、野菜は近郊農家から直接仕入れるなどこだわりの食材を用い、季節感あふれるフレンチを提供。牧場から一頭買いする羊肉のメニューが、特にオススメだ。

☎011-612-9003 住札幌市中央区北3西27-2-16 交地下鉄東西線西28丁目駅から徒歩3分 ⏲12時～12時30分LO(ランチ営業は日曜のみ)、18～19時LO 休水・木曜 P2台 MAP付録P7B2

シェフのおすすめコース1万1000円

▲オーナーシェフが腕を振るい、季節を伝える全7皿のコース

▲住宅街の隠れ家レストラン

▲テーブルや棚など、店主こだわりのアンティーク家具が置かれる

円山茶寮《まるやまさりょう》

レトロカフェでほっとひと息

築70年ほどの一軒屋を利用した店内は、隠れ家的雰囲気。木の温かみのある空間でゆったりと時を過ごせる。名物のぜんざい950円～ほか、スイーツのセットメニュー740円～も揃う。

☎011-631-3461 住札幌市中央区北4西27-1-32 ⏲11～24時 休木曜 交地下鉄東西線西28丁目駅から徒歩3分 P3台 MAP付録P7B2

いちごぜんざい 1080円

▲アイスの上に、イチゴソースがたっぷり

◀看板猫のこっこ。席に来てくれることも

インテリアにアクセント かわいい雑貨店へ

▲1階のカフェでも雑貨類を販売

JETSET.✖はらいそ。《じぇっとせっと.かけるはらいそ。》

カフェブームを牽引した人気店

50～60年代のインテリアでまとめられたおしゃれな空間で、手作りメニューを。2階の雑貨店「はらいそ」もぜひのぞいてみて。

☎011-621-2848 住札幌市中央区大通西22-1-7 交地下鉄東西線円山公園駅5番出口から徒歩5分 ⏲11時30分～18時30分LO 休月曜不定休 P4台 MAP付録P7C2

北海道の名物を手ぬぐいに 1210円

▲ユニークな雑貨を販売

▲楽しげな店内にはオリジナル商品も並ぶ

古道具と雑貨《ふるどうぐとざっか》 origami《おりがみ》

円山在住作家の1点モノをゲット

ポップな色遣いで、持っているだけで元気が出そうな雑貨や味のある古道具を販売。円山在住アーティストのバッグやアクセサリー、ぬいぐるみなどが、ぎっしり並んでいる。

☎011-699-5698 住札幌市中央区南2西25-1-21 ⏲12～18時 休月・火・水曜 P1台 交地下鉄東西線円山公園駅から徒歩2分 MAP付録P7C3

KUMAKKO トートバッグ 8800円

▲人気の熊シャケモチーフ

円山地区は札幌でも屈指の高級住宅地。高級フレンチや老舗和菓子店など、円山マダムご用達のハイクラスな店も充実しています。

ちょっぴりミーハー気分で楽しむ 2大人気観光スポットへ

クラーク博士像でおなじみのさっぽろ羊ヶ丘展望台とスイーツがテーマの白い恋人パーク。王道の観光スポットは、楽しみ方のポイントをおさえてから訪れましょう。

さっぽろ羊ヶ丘展望台《さっぽろひつじがおかてんぼうだい》

見学所要 40分

緑の草原と石狩平野のパノラマを一望

昭和34年（1959）、北海道農業試験場の一角に建設された展望台。「クラーク博士像」の背後に牧歌的な草原や札幌の街並みが広がる。敷地内にはジンギスカンを味わえるレストハウスや北海道みやげの売店も併設。

☎011-851-3080 住札幌市豊平区羊ヶ丘1 ¥入場600円 ⏰9～17時（季節により変動あり）休無休 P100台 交地下鉄東豊線福住駅から北海道中央バス羊ヶ丘展望台行きで10分、終点下車すぐ MAP 付録P4D3

牧草地越しに札幌の街並みを望む開放感たっぷりの展望台

クラーク博士って？
開拓期の明治初期に開拓使が招へいしたアメリカ人。札幌農学校（現北海道大学）の初代教頭を務めた。

楽しみ方ポイント クラーク博士に“私の大志”を誓いましょ

1 クラーク博士像と記念撮影しよう
博士と同じポーズの一枚はマスト。右手は“指さし”ではないので注意。

2 旅立ちの鐘をならし大志を誓おう
オーストリア館近くにあり、「クラーク旅立ちの鐘」と呼ばれる。しっかり祈願しよう。

3 私の“大志の誓い”をポストに投函
専用用紙1枚100円に願いを書き、像の台座に投函。大切に保存される。

4 クラーク記念館でひとやすみ
クラーク博士の功績を学ぶとより願いが叶うかも。木像もチェック。

5 オーストリア館でクラーク博士グッズを
かわいいクラーク博士グッズは、オーストリア館の2階にあるショップで販売している。ハンカチやキーホルダーなどが人気。

夏期には、放牧中の羊の姿を見られるかも

「ガリバータウン・ポッケ」
小さなお店やおうちが
立ち並ぶ子どもの街

日本最北の全天候型ドーム

北海道コンサドーレ札幌の本拠地「札幌ドーム」。コンサートや展示会などを開催。イベントのない日は、ドームの見学ツアーを行っています。

☎011-850-1000 MAP付録P4D3

白い恋人パーク《しろいこいびとぱーく》

見学所要1時間

しあわせとお菓子一大テーマパークへ行こう

北海道銘菓「白い恋人」の製造ラインを見学できるほか、ここでしか味わえないISHIYAスイーツやお菓子作り体験（別途体験料・予約可）なども楽しめるスポット。観て、知って、味わって体験できるお菓子のテーマパーク。

☎011-666-1481 住札幌市西区宮の沢2-2-11-36 ¥入館800円 ⏰10～18時（有料入館16時まで）休無休 P有料 交地下鉄東西線宮の沢駅から徒歩7分 MAP付録P5B2

夏はイングリッシュローズが咲き誇る

施設紹介

チョコトピアマーケット

スイーツワークショップ ドリームキッチン　お菓子作り体験が楽しめる

チェダーハウス
白い恋人パーク限定商品など購入できる

ベイクショップ チェルシー　白い恋人のラング・ド・シャとチョコレートを使ったスノードームホワイトは1番人気

チョコレートラウンジ・オックスフォード　ISHIYAオリジナルスイーツが味わえる

チョコトピアハウス

チョコレートの歴史をプロジェクションマッピングで紹介

チョコトピアファクトリー

製造工程が見学でき「白い恋人」が完成するまでを、ジオラマで紹介

白い恋人パーク併設のサッカー場は、プロサッカーチーム・北海道コンサドーレ札幌の専用練習場。練習日は選手の姿を間近で見られます。

もいわ山から眺めるパノラマ夜景と開放感バツグンの山頂&山麓グルメ

日本新三大夜景・札幌の街並みを一望できる、もいわ山山頂展望台。
美しい街並みを満喫したら、素敵な夜景を眺めながらディナー！といきましょう。

もいわ山山頂展望台《もいわやまさんちょうてんぼうだい》

見学所要 1時間

山頂から望む光のじゅうたん

標高531mの藻岩山山頂から、市街を一望できる札幌屈指のビュースポット。「夜景サミット2022in札幌」において日本新三大夜景に再認定された札幌の夜景が見られる。山頂にはレストランや売店もあり、昼間も楽しめる。

☎011-561-8177（札幌もいわ山ロープウェイ）住札幌市中央区伏見5-3-7 ¥ロープウェイ+ミニケーブルカー往復2100円 🕒10時30分～22時（12～3月は11時～）※変更の場合あり、年末年始は特別営業 休11月下旬～4月下旬、悪天候時。整備点検による休業あり P山麓駐車場120台ほか 交山麓駅へは市電ロープウェイ入口から徒歩10分、または15分間隔の無料シャトルバスで5分（平日は夕方から運行）MAP付録P5C3

山頂駅のショップでみやげをGET

札幌や北海道各地のみやげ物のほか、オリジナル商品を扱う
MAP付録P5C3

▼クレヨンしんちゃんせんべい 1箱400円

▲藻岩山ピンバッジ1個440円

山頂ではココもCHECK

▶山頂駅に併設されたレストランTHE JEWELS（ざ じゅえるず）。壁一面の大きな窓から夜景の大パノラマを眺め、道産食材の上質なフレンチを。ディナーコース6380円～
☎011-518-6311（レストラン予約センター）🕒11時30分～21時、20時LO（12～3月は12時～）

▲山頂のテイクアウトコーナーでは季節のもいわキッシュやミートパイなどの軽食をテイクアウトできる

▶三角錐のモニュメントに幸せの鐘が吊るされている

宝石をちりばめたような美しい夜景が広がる

キラキラ夜景やコーヒータイムを山麓で楽しむ

ヒルサイドテラスふしみグリエ《ひるさいどてらすふしみぐりえ》

天空レストランで憩う

山麓の高台にあり、全席から市街の夜景を一望。十勝産ラクレットチーズを使用したフォンデュや、道産牛フィレステーキが味わえる。

☎011-533-2432 住 札幌市中央区伏見2-3-3 営 11時30分～15時LO、17～21時LO 休 無休 P 16台 交 市電ロープウェイ入口から徒歩10分 MAP 付録P7C4

美しい夜景とこだわりの料理を

<ディナー>
予算 8800円～
予約 望ましい

チーズフォンデュ&ステーキコース
★6600円★
名物のチーズフォンデュと道産牛のフィレステーキがメインのコース。デザートまで付いた全7品

光あふれる夜の札幌をムード満点の客席から

札幌市内を一望できる2階のパフェテラス

おやつタイムや休憩におすすめ

木いちごのヨーグルトパフェ
★960円★
新鮮で酸味のある木いちごのアイスを使用。ソースまですべて手作りで、ひとつの器で様々な食感を楽しめる。

MISSU HOUSE 伏見本店《みっしゅはうす ふしみほんてん》

創業昭和60年（1985）の本格アイス

道産のフレッシュミルクと、こだわり素材で手作りするアイスの専門店。テイクアウトのアイスやソフトクリームがメインの1階と、パフェを味わえる2階がある。20種以上から選ぶ、ペアソフトクリームは500円。

☎011-552-5531 住 札幌市中央区伏見2-2-20 営 11時～17時30分LO 休 月曜 交 市電ロープウェイ入口から徒歩10分 P 13台 MAP 付録P7C4

ドリーバーデン《どりーばーでん》

ほっとする充実の時間

藻岩山山麓に移築された札幌景観資産・旧小熊邸の1階にあるカフェ。シックな店内で、ゆったりとドリップコーヒーを楽しめる。フライフィッシングやアウトドア用品の販売も。

☎011-213-1235 住 札幌市中央区伏見5-3-1旧小熊邸 営 11～18時（ショップは～20時）休 木曜 交 市電ロープウェイ入口から徒歩6分 P 12台 MAP 付録P7C4

旧小熊邸でひと休み

Drip Coffee
★各種 550円★
チーズケーキ
★440円★
コーヒーは一杯ずつ丁寧にいれるドリップ式。マイルド、フルボディ、今週のストレートの3種類。一番人気はマイルド。ほかに紅茶なども。スイーツはチーズケーキのみ（フードメニューなし）

歴史的建造物の設えに浸りコーヒーブレイクを

自然と一緒に楽しむのが札幌流 とっておきのアートスポットへご案内

広々とした園内に芸術的な施設が点在するモエレ沼公園と、緑濃い札幌芸術の森。どちらも先鋭的なアートと大自然が融合した、札幌ならではのアートスポットです。

標高62mの人工の山で、公園のランドマーク。3方向から登れる

モエレ沼公園《もえれぬまこうえん》

見学所要 2時間

公園全体がひとつのアート作品

世界的な彫刻家イサム・ノグチが手がけた公園で、189万m²の広い敷地内にはアート作品が点在。夏期は自転車2時間200円、冬期はスノーシュー3時間500円などが借りられるので、散策に利用しよう。

☎011-790-1231 住 札幌市東区モエレ沼公園1-1 ¥ 入園無料 ⏰7～22時(入園は～21時) 休 施設により異なる P 1500台(冬期は100台) 交 地下鉄東豊線環状通東駅から北海道中央バスあいの里教育大駅前行きなどで25分、モエレ沼公園東口下車すぐ MAP 付録P4D1

\ ココでランチ /

RESTAURANT L'enfant qui rêve

本格フレンチを味わえる。要予約のランチ3740円～、ディナー5390円～。冬期休業

☎011-791-3255

館内にはイサム・ノグチのギャラリーやグッズショップがある

7カ所の遊具エリアが設置されている。春はお花見スポットとして人気

札幌芸術の森《さっぽろげいじゅつのもり》

見学所要 2時間

アートと自然のコラボレーション

広さ約40haの敷地には、国内外の彫刻家による74点の作品を展示する野外美術館のほか、企画展などを開催する札幌芸術の森美術館や体験工房、札幌にゆかりのある作家・有島武郎の旧邸宅など、園内はみどころ満載。

☎011-592-5111 住 札幌市南区芸術の森2-75 ¥ 野外美術館は入場700円他 ⏰9時45分～17時(6～8月は～17時30分) 休 11月4日～4月28日の月曜(祝日の場合は翌日) P 有料561台 交 地下鉄南北線真駒内駅から北海道中央バス芸術の森センター行きなどで15分、芸術の森入口下車すぐ MAP 付録P5C4

写真の福田繁雄《椅子になって休もう》など、64作家の彫刻作品を展示

大正時代の姿そのままに移築復元し、資料を展示

年間5～7本の特別展を開催。料金は展覧会により異なる

\ ココでブレイク /

ごちそうキッチン 畑のはる

芸術の森センター内のレストラン。四季折々の新鮮な道産旬野菜を味わえる。

☎011-215-1778

“見て・遊んで・食べて！”が楽しめる ロイズカカオ&チョコレートタウンへ

ひと足のばして、大人も楽しめる工場見学へ。農園でのカカオ栽培から、工場で「ロイズ」のチョコレートができるまでの“ファームトゥーバー”の旅を楽しみましょう。

ロイズカカオ&チョコレートタウン《ろいずかかおあんどちょこれーとたうん》

カカオの甘い香りに包まれる

遊びながら学べる展示や、フォトスポット、オリジナルのチョコレート作りのワークショップもあり、チョコレート好きにはたまらない空間。売店では、ロイズの商品が購入できるほか、ソフトクリームやパン、ここでしか食べられないピザなどを、ぜひ味わってみて。

☎0570-055-612 住当別町ビトエ640-15
¥有料ゾーン大人（高校生以上）1200円
Ⓛ10～17時（最終入場は15時）休不定休
交JRロイズタウン駅から徒歩7分 P224台
MAP付録P3C2・4D1

“ファームトゥーバー”の旅（有料ゾーン）

1 ロイズの農園を再現した空間「カカオファームゾーン」 2「カカオファームゾーン」にある「カカオの不思議」3 ゲームで製造工程を楽しく学べるプレイエリア 4 自分だけのオリジナルチョコレートが作れる（別料金）5 カカオ豆工場が吹き抜けで見える「製造ライン見学」

ロイズタウン工場 直売店限定

自社農園でのカカオ栽培からチョコレートづくりまで
一貫生産のロイズファームトゥーバー商品

ポテトチップチョコレート［ロイズファームトゥーバー］
190g 918円
「ロイズファームトゥーバー」のチョコレートでポテトチップの片面をコーティング

ホローチョコレート カカオクマ［ロイズファームトゥーバー］
1個 1404円
中が空洞になったクマ型のチョコレート

イートインで楽しみたい

施設見学の後は直売店限定の
ピザやパンを楽しんで

ロイズタウンピザ
756円～
カップのような形で北海道産小麦を使った、窯で焼き上げたピザ4種が楽しめる

ジャンボチョコドーナツ
605円
チョコがけドーナツのビッグサイズ

生チョコクリームメロンパン【オーレ】
324円
中には生チョコレートのクリームがぎっしり！

「ロイズコレクションストリート」では、チョコレートにまつわる貴重なコレクション、アート＆ロイズのヒストリーまでを展示。

北海道ボールパークFビレッジで1日中遊びつくしましょう

ファイターズファン必見！野球観戦はもちろん、試合のない日でも楽しめる、グルメやショップ、アクティビティが充実したエンタメスポットです。

北海道ボールパークFビレッジ《ほっかいどうぼーるぱーくえふびれっじ》

野球以外のお楽しみが満載！一大エンターテイメント施設

北海道日本ハムファイターズの新球場「ES CON FIELD HOKKAIDO（えす こん ふぃーるど ほっかいどう）」を中心とした一大複合エリア。レストランやショップ、グランピング、ヴィラなどの宿泊施設、農業学習施設と多種多様な施設が集まる、エンターテイメント空間。

住北広島市Fビレッジ
¥営休施設により異なる
交札幌駅からJR千歳線で約17分、北広島駅下車、シャトルバスで約5分 Pあり（有料） MAP付録P4F4 詳細はHP（https://www.hkdballpark.com）を参照

北海道ボールパークFビレッジでは、さまざまなアクティビティを体験できる

TOWER 11《タワー・イレブン》で観戦体験

球場のランドマークとなるレフト側の5階建てのビル。
フードホールにミュージアム、サウナやホテルなど、仕掛けがたくさん！

1F フードホール

野球中継を見ながらホットドックや肉料理などの食事が楽しめる。

2F ミュージアム

5台のLEDビジョンを駆使した、新感覚のミュージアム。

3F 温泉&サウナ

球場内の天然温泉&サウナ施設。サウナに入りながら観戦を楽しめる。

4・5F ホテル

アジア初の客室からフィールドが望める球場内ホテル。全12室。

こんな施設も！

グランピング

ウッドデッキがある宿泊施設では、焚き火やバーベキューができる。

ヴィラ

全9棟からなる宿泊施設。オールスイート仕様で贅沢に過ごせる。

キッズエリア

大型遊具がある遊び場や、子どもが楽しめるミニ野球場を設置。

写真：©H.N.F.

観光拠点に便利な
札幌のホテル

札幌中心部のホテルは、価格帯もタイプもバリエーション豊富。予算・目的に合わせて選べます。

札幌駅周辺

JRタワーホテル日航札幌《じぇいあーるたわーほてるにっこーさっぽろ》

高層階から中心部の夜景を一望

客室は23〜34階に位置し、窓には市街中心部の眺望が広がる。22階には天然温泉風呂やエステを備えるスパも完備。利用は18歳以上限定で入浴料3070円（宿泊者1910円）。DATA ☎011-251-2222 住札幌市中央区北5西2-5 交JR札幌駅直結 P JRタワー駐車場利用（1泊1650円）MAP付録P8E2 ¥シングル2万6400円、ツイン4万4550円〜 IN15時 OUT11時 ●全330室（シングル43、ツイン213、ダブル72、スイート2）

札幌駅周辺

ホテルモントレエーデルホフ札幌《ほてるもんとれえーでるほふさっぽろ》

抜群の眺望で札幌を堪能

本館の客室は地上60m以上に位置し、昼は札幌市街、夜は煌めく夜景を楽しめる。南館（別棟）は2022年3月にオープンし、長期滞在やリモートワークなどにもおすすめ。

DATA ☎011-242-7111 住札幌市中央区北2西1-1 交JR札幌駅から徒歩7分 P50台（1泊1500円）MAP付録P8E3 ¥シングル1万7000円〜、ツイン2万5000円〜 IN15時 OUT11時 ●全300室（本館181室、プレミアムフロア9室、南館110室）

札幌駅周辺

ホテルマイステイズ札幌駅北口《ほてるまいすていずさっぽろえききたぐち》

北国の四季を客室で楽しむ

北海道の自然や雪をイメージした、フォレストブラウンとノースホワイトの2タイプの客室を用意。駅前の立地だから出張にもレジャーにも便利。北大もすぐ近くにあり、学会参加時の宿泊などにも便利。DATA ☎011-729-4055 住札幌市北区北8西4-15 交JR札幌駅から徒歩2分 P40台（1泊1500円）MAP付録P8D1 ¥ツイン6770円〜、ダブル5170円〜 IN15時 OUT11時 ●全242室（ツイン128、ダブル114）

大通公園

札幌ビューホテル大通公園《さっぽろびゅーほてるおおどおりこうえん》

大通公園沿いの静かな環境

2〜4階の客室はナチュラル空間のノースリゾートフロア。高層階は専用アメニティを備えた特別な部屋も用意。朝食には地元素材をふんだんに使った40種以上の北海道ブッフェを提供。DATA ☎0570-000-933 住札幌市中央区大通西8丁目 交地下鉄大通駅から徒歩5分 P56台（1泊2,000円）MAP付録P9B4・P11B1 ¥シングル1万5000円〜、ツイン2万2000円〜 IN15時 OUT11時 ●全347室（シングル80、ダブル29、ツイン230、和室2、和洋室4、スイート2、その他3）

札幌駅周辺

クロスホテル札幌《くろすほてるさっぽろ》

デザイン性に富んだ洗練された空間

客室は、落ち着いた色調のアーバンやナチュラル、ファッショナブルなヒップの3タイプ。最上階には、大きな窓を配した開放的な宿泊者専用の大浴場があり、バリエーション豊かな宿泊プランも魅力。DATA ☎011-272-0010 住札幌市中央区北2西2-23 交JR札幌駅から徒歩5分 P38台（1泊1500円）MAP付録P8D3 ¥シングル9000〜、ツイン1万2000円〜 IN15時 OUT11時 ●全181室（シングル31、ツイン133、ダブル17）

大通公園

ホテルリソルトリニティ札幌《ほてるりそるとりにてぃさっぽろ》

大通の四季を感じる街中ホテル

客室は天然木の色彩で北欧デザインのインテリアを配した落ち着いた空間。1階にはイタリアンレストラン、最上階には大浴場もある。レディスフロア限定アメニティなど女性向けサービスも好評。DATA ☎011-241-9269 住札幌市中央区大通西5-3 交地下鉄大通駅からすぐ P34台（1泊1800円）MAP付録P9C4・P11C1 ¥シングル1万6000円〜、ツイン2万8000円〜 IN14時 OUT11時 ●全305室（シングル190、ツイン91、ダブル22、和洋室2）

大通公園

札幌クラッセホテル《さっぽろくらっせほてる》

大通&すすきのから好アクセス

天蓋付きベッドのゴージャスなダブルや余裕の広さのツイン、シンプルなシングルなど8タイプの客室が揃い、旅のスタイルに合わせて選べる。周辺には飲食店やショップが充実。DATA ☎011-281-3800 住札幌市中央区南1西7-1-2 交地下鉄大通駅から徒歩5分 P30台（1泊1500円）MAP付録P11C1 ¥シングル8800円〜、ツイン1万5400円〜 IN15時 OUT11時 ●全79室（シングル18、ツイン50、ダブル11）

温泉でほっこりしたいなら 山峡のいで湯・定山渓温泉へ

豊平川に沿って、迫力ある渓谷美が続く札幌の奥座敷・定山渓《じょうざんけい》温泉。自然が生み出した絶景はもちろん、情緒漂う温泉街散策も楽しみです。

まずは渓谷と温泉街をおさんぽ

定山渓温泉の人気景勝地・かっぱ淵を一望できる

二見吊橋《ふたみつりばし》

豊平川の上流部にかかる赤い吊橋。四季折々に表情を変える渓谷を望める。

☎011-598-2012（定山渓観光協会）¥🕒休散策自由（12月中旬～4月中旬の積雪時は通行不可）交バス停定山渓湯の町から徒歩5分 P定山渓スポーツ公園公共駐車場利用 MAP P84A2

🚌 バス：札幌駅23番出口をでてJA北農ビル前からじょうてつバス定山渓行きで定山渓神社前まで1時間16分、定山渓湯の町まで1時間17分、第一ホテル前まで1時間18分、定山渓大橋まで1時間19分、定山渓温泉東2丁目まで1時間20分、定山渓まで1時間25分

🚗 クルマ：札幌市街から国道230号で約28km

問合せ ☎011-598-2012（定山渓観光協会）

広域MAP 付録P5A4

徒歩5分

ふかしたてをパクリ

大黒屋商店

昭和6年（1931）創業の老舗。ふかふかの生地で小豆餡を包んだ名物の温泉まんじゅう1個80円を販売する。写真は9個入り730円。

☎011-598-2043 🕒8～18時（売り切れ次第終了）休水曜 交バス停定山渓湯の町から徒歩2分 P 20台 MAP P84A2

徒歩すぐ

足のふれあい太郎の湯

国道に面し、東屋で覆われた浴槽が八角形の足場。タオル1枚200円の自販機がある。

☎011-598-2012（定山渓観光協会）¥無料 🕒7～20時 休無休 交バス停定山渓温泉東2丁目からすぐ P 50台（定山渓スポーツ公園公共駐車場を利用）MAP P84B1

足湯でまったり

徒歩30分

渓谷を一望しましょ

カフェ 崖の上

高さ40mの崖に立つ絶景カフェでケーキセット1100円などを味わえる。

☎011-598-2077 ※中学生未満の入店不可 🕒10～17時（季節・天候で変動あり）休月曜（祝日の場合は翌日、季節・天候で変動あり）交バス停定山渓大橋から徒歩15分 P10台 MAP P84A1

宿泊は女性心をくすぐるお宿へ

天然イワナの天ざるそばを堪能

昭和2年（1927）創業、「生そば紅葉亭」の名物は、主人が釣ってきた川魚の天ぷらが付く天ざるそば1300円。6月～10月末の期間限定の味です。
☎011-598-2421 MAP P84B1

定山渓《じょうざんけい》 鶴雅《つるが》
リゾートスパ《りぞーとすぱ》 森の謌《もりのうた》

定山渓 鶴雅 リゾートスパ 森の謌

豊かな森の物語をコンセプトにした宿。エステや女性専用岩盤浴などリラクゼーション施設が充実。

☎011-598-2671 住札幌市南区定山渓温泉東3-192 交バス停白糸の滝から徒歩4分 日送迎あり（要予約） P60台 MAP P84B2　全54室（洋室23、和洋室27、コテージ4） ●泉質：ナトリウム塩化物泉 ●内湯（男3・女3）露天2

定山渓の森を間近に感じる開放的な露天風呂

CHECK
+1泊2食付料金+
平日2万5850円～
休前日3万3550円～
+時間+
IN15時、OUT10時
（客室タイプで異なる）

多彩なビュッフェ
旬の道産食材を使った、約70品が並ぶ夕食のビュッフェが好評。

ぬくもりの宿《ぬくもりのやど》 ふる川《ふるかわ》

ぬくもりの宿 ふる川

館内は素朴な雰囲気で温かみある空間。要予約で囲炉裏端での夕食も楽しめる。展望風呂や貸切り湯など、浴場の多彩さも魅力。

☎011-598-2345 住札幌市南区定山渓温泉西4-353 交バス停定山渓湯の町からすぐ 日送迎あり（要予約） P100台 MAP P84A2 ●全55室（和室26、和洋室14、愛犬部屋4室、特別室11）●2012年3月改装 ●泉質：ナトリウム塩化物泉 ●内湯1 露天3 貸切2

100年ほど前の軟石や古木を用いた、ゆ眠み（ゆめみ）露天風呂

CHECK
+1泊2食付料金+
平日1万9800円～
休前日2万2000円～
+時間+
IN15時、OUT10時30分

民芸調のインテリア
囲炉裏や土間などをしつらえた民芸調の作りで、情緒たっぷり。

女性のための宿《じょせいのためのやど》
翠蝶館《すいちょうかん》

女性のための宿 翠蝶館

13歳以上の女性専用の温泉宿。安心してゆっくりとくつろごう。

☎011-595-3330 住札幌市南区定山渓温泉西3-57 交バス停第一ホテル前から徒歩3分 日送迎あり（要予約） P12台 MAP P84A1 ●全20室（和室2、洋室18）●2023年2月一部改装 ●泉質：ナトリウム塩化物泉 ●内湯2 露天1 貸切2 ※第一寶亭留 翠山亭の浴場も利用可

温泉、エステの後はラウンジの「ごろごろスペース」でのんびりと

CHECK
+1泊2食付料金+
平日1万9800円～
休前日2万3650円～
+時間+
IN15時、OUT11時

温泉露天風呂
源泉100％かけ流しの温泉。貸切風呂や岩盤浴は無料で利用可能。

定山渓には古くからカッパ伝説があり、温泉街にはさまざまな意匠のカッパ像が置かれています。散策がてら、探してみましょう。

運河の周辺で見つけた石造りの建物

北一硝子で私へのとっておき探し

ゆったり時間が流れる手宮線跡地

運河を眺めてひと休み

港町・小樽のお寿司を存分に味わって

ランプが灯る、雰囲気たっぷりのカフェ

おさんぽ途中の楽しみはスイーツ！

おみやげ探しが楽しい堺町通り

懐かしい時間が流れる港町・小樽へ
レトロな建物探訪、ときどきカフェ

かつて商都として繁栄を極め、今も残る石造り倉庫や銀行建築が、ノスタルジックな空気感を醸す小樽。おさんぽして、疲れたらレトロカフェでひと休み。ガラスなどの工芸品探しや、海鮮グルメも楽しみです。

ガス灯が点く夜の運河も素敵

レトロかわいいお店でお買いもの

小樽ってこんなところ

レトロ情緒漂う街並みが魅力の小樽。港町ならではの海鮮グルメも必食です。

観光みどころは4つのエリア

風情たっぷりの小樽運河と北運河、ショッピングストリートの堺町通り、銀行建築が立ち並ぶ北のウォール街がみどころの4エリア。街はコンパクトにまとまっているので徒歩でも十分に回れる。札幌発着の日帰りもいいが、宿泊して夜の運河散策や洋食ディナーを楽しむのもおすすめ。ミシュランガイドで評価された小樽天狗山ロープウェイの夜景もお見逃しなく。

観光前に情報を集めよう

街中にスノーキャンドルが灯る小樽雪あかりの路や、夏のおたる潮まつりなど、季節ごとのイベント情報も出発前に確認を。市内には下記のほか運河プラザ（☞P90）や小樽運河の浅草橋に観光案内所がある。

問合せ 小樽市観光振興室 ☎0134-32-4111
問合せ 小樽観光協会 ☎0134-33-2510

駅に着いたらCHECK

小樽観光協会 小樽駅観光案内所

常駐の協会スタッフが、各種観光情報をはじめ、郊外行きバスの乗り方なども案内してくれる。

☎0134-29-1333 ⏰9～18時 休無休 MAP付録P13B4

アクセスをCheck

1 小樽運河《おたるうんが》

・・・P91

大正12年（1923）完成の運河に沿って石造り倉庫が立ち並び、ノスタルジックな景観が広がる。運河をバックに思い出の1枚を。

▲運河沿いには、石畳の散策路が整備されている

3 色内銀行街《いろないぎんこうがい》

・・・P93

かつて小樽が北の商都だったことを物語る、重厚な銀行建築が立ち並ぶ。歴史的建物を再生させたレストランや資料館にも立ち寄って。

▲色内銀行街の中心・日銀通り

4 北運河《きたうんが》

・・・P98

小船が係留された運河や古い倉庫があるちょっとディープなエリア。静かな街並みには、いい雰囲気のカフェや、のぞきたくなる雑貨店も。

▼しっとり落ち着いた風情の北運河

堺町通り《さかいまちどおり》 2

・・・P94

小樽ガラスの老舗や品揃え豊富なオルゴール店、全国区の洋菓子店などが通りにびっしり。乙女心をくすぐる小樽みやげを手に入れよう。

1ショッピングを楽しむ観光客で賑わう 2デザインだけでなく使い勝手もいい小樽ガラス 3愛らしいオルゴールも小樽みやげの定番

港町ならではの小樽寿司屋通り

200mほどの通り沿いとその周辺に、約20軒の寿司店が連なる。職人技と新鮮魚介が織りなす至福の握りを楽しもう。

旬ネタを職人の握りで

活用しよう

お得な1日乗車券

おたる水族館や天狗山ロープウェイなど小樽市郊外まで足をのばせる市内線のバス。これらのバスが1日乗り放題になる「おたる市内線バス1日乗車券」を利用すれば、効率的かつお得に小樽観光を楽しめる。大人800円。発売は中央バス小樽駅前ターミナル、バス車内ほかにて。問合せ中央バス小樽駅前ターミナル ☎0134-25-3333

乗車券は、スクラッチカードになっている

お買い物もグルメも楽しい レトロな街歩き小樽1日コース

駅に降り立ったら、必見の観光地・小樽運河へ。その後は北のウォール街を散策し、堺町通りではショッピングを楽しもう。ランチは小樽が誇る魚介を海鮮丼で堪能。食後は北運河周辺をのんびりめぐりましょう。

START

10:00 **小樽駅** …P90

徒歩10分

小樽運河

10:10 **小樽運河** …P91

徒歩2分

10:30 **小樽運河ターミナル** …P92

徒歩2分

色内銀行街

10:45 **日本銀行旧小樽支店金融資料館** …P92

徒歩12分

堺町通り

11:30 **北一硝子三号館** …P97

徒歩2分

11:45 **小樽洋菓子舗 ルタオ本店** …P95・96

徒歩すぐ

12:00 **小樽オルゴール堂本館** …P95

徒歩17分

12:40 **魚屋直営食堂 うろこ亭** …P101

徒歩3分

北運河

14:00 **北運河** …P98

徒歩2分

14:20 **旧日本郵船株式会社小樽支店** …P98

徒歩すぐ

14:45 **運河公園** …P98

徒歩15分

GOAL

16:00 **小樽駅** …P90

まずは観光のハイライト 小樽運河&色内銀行街へ

散策所要
1時間30分

小樽駅に降り立った瞬間から、歴史を感じさせるレトロなムードたっぷり。
まずは観光名所の小樽運河&往時の繁栄を伝える色内銀行街から、旅を始めましょう。

① 小樽駅《おたるえき》

Start!

国の登録有形文化財の駅

明治36年（1903）の開業。現在の建物は昭和9年（1934）の建築で、道内最古の鉄骨鉄筋コンクリート造りの駅舎として知られる。構内には地場産品のアンテナショップなどが入る。

☎0134-22-0771 住小樽市稲穂2-22-15 交JR小樽駅内 P駅前20台(30分無料、以降20分毎に100円増)ほか有料Pあり MAP付録P13B4

❶小樽を象徴するガラスのランプが壁面を飾る ❷ホームもノスタルジックな雰囲気

② 運河プラザ《うんがぷらざ》
（小樽市観光物産プラザ《おたるしかんこうぶっさんぷらざ》）

旅の情報とおみやげが揃う案内所

小樽運河に面し、市内や近郊の名所のパンフレットが並ぶ観光案内所。喫茶スペースがあるので休憩もできる。ガラス製品などの特産品や銘菓が並ぶショップもある。

☎0134-33-1661 住小樽市色内2-1-20 ◷9～18時（季節により変動あり）休無休 交JR小樽駅から徒歩10分 Pなし MAP付録P13B2

❶屋根のしゃちほこには火除けの意味もある
❷ショップでは水産加工品も多く揃えている

③ 小樽芸術村《おたるげいじゅつむら》

複合的なアート空間を体感する

小樽の栄華を伝える、歴史的建造物を活用した小樽芸術村。ステンドグラス美術館（旧高橋倉・旧荒田商会）、旧三井銀行小樽支店、似鳥美術館（旧北海道拓殖銀行小樽支店）、西洋美術館（旧浪華倉庫）の4館からなる圧巻的な芸術空間である。運河沿いに立つステンドグラス美術館には、商都小樽として栄えたほぼ同時期にイギリスの教会を彩った、約100点のステンドがある。日本や世界の優れた美術品・工芸品を鑑賞して光り輝く美の旅を楽しめる。

☎0134-31-1033 住小樽市色内1-3-1［似鳥美術館］¥入館4館共通2900円 交JR小樽駅から徒歩10分 ◷9時30分～17時（11～4月は10時～16時）休第4水曜（11～4月は水曜）Pなし MAP付録P13C2

❶眩く光るステンドグラス ❷堅牢な貸金庫室などを見学できる旧三井銀行小樽支店

＼駅前にある海鮮市場／

小樽駅そばの「三角市場(さんかくいちば)」。海産品のみやげ店のほか食堂もあります。☎0134-23-2446(綱岸水産) MAP付録P13A4

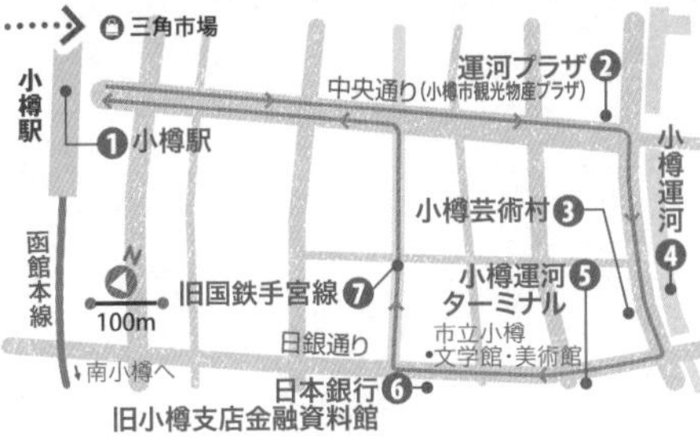

④ 小樽運河《おたるうんが》

運河と倉庫をバックに記念撮影

大正12年(1923)に完成し、昭和61年(1986)に整備完了した全長1140mの運河。水路に沿って古い石造りの倉庫が立ち並び、ノスタルジックな景観を生み出している。石畳の散策路をのんびり歩いて、情緒を満喫しよう。

☎0134-32-4111(小樽市観光振興室) 住小樽市港町 ¥時休散策自由 交JR小樽駅から徒歩10分 Pなし MAP付録P13C2

❶運河沿いの倉庫は、レストランなどに利用されている ❷夜になるとガス灯が点く散策路は、昭和61年(1986)に完成

小樽はレンタサイクルで回っても楽しい街。駅前のきたりん(☎070-5605-2926 MAP付録P13B4)で借りられます。

⑤ 小樽運河ターミナル《おたるうんがたーみなる》

荘重な館内に小樽名物が集結！

大正11年（1922）築の建物は、かつて三菱銀行小樽支店として建てられたもの。円柱がそびえる白壁の館内に、ぱんじゅうで有名な桑田屋など小樽の名店が入る。

☎011-200-4560（北海道中央バス不動産・関連事業部）住小樽市色内1-1-12 ⏰9～18時（時期により異なる）休無休 交JR小樽駅から徒歩10分 Pなし MAP付録P13C2

❶

❶館内の桑田屋本店では小樽名物ぱんじゅう1個110円～も販売 ❷気品ある洋風建築

⑥ 日本銀行旧小樽支店《にっぽんぎんこうきゅうおたるしてん》 金融資料館《きんゆうしりょうかん》

北のウォール街を代表する名建築

明治45年（1912）に完成。現在は資料館として開放され、日本銀行の歴史や業務、金融の仕組みをわかりやすく紹介している。戦後発行された紙幣をすべて展示した「お札ギャラリー」をはじめ、お札の偽造防止技術を見ることができるコーナーなど、興味深い構成だ。子どもから大人まで楽しめる。

☎0134-21-1111 住小樽市色内1-11-16 ¥入館無料 ⏰9時30分～17時（12～3月は10時～）休水曜（祝日、振替休日の場合は開館）交JR小樽駅から徒歩10分 Pなし MAP付録P13C3

❶1億円（模擬）の重さを体感できる展示もある ❷石造り風の外装で、北のウォール街でもひときわ荘厳な雰囲気

⑦ 旧国鉄手宮線《きゅうこくてつてみやせん》

北海道初の鉄道路線跡

官営幌内鉄道の一部として明治13年（1880）に開通し、昭和60年（1985）に廃線となった旧国鉄手宮線の跡地。現在は延長約1700mが散策路として整備され、市立小樽文学館・美術館近くにはベンチがあり、休憩できる。

☎0134-32-4111（小樽市観光振興室）住小樽市色内 ¥⏰休散策自由 交JR小樽駅から徒歩7分 Pなし MAP付録P13B3

▲のんびり廃線跡を歩いてみよう

ふむふむコラム fumu fumu

小樽にレトロな建物が多いワケ

北海道でもいち早く開かれ、商都として栄えた小樽。港町の歴史ものがたりと、今なお現役で見られる建物を紹介します。

幌内鉄道関連のみどころ

旧国鉄手宮線
昭和60年(1985)に廃線。現在は散策路となっている（☞P92）。

官営幌内鉄道の車両「しづか号」
かつて幌内鉄道を走った蒸気機関車。小樽市総合博物館 本館（MAP付録P12F3）に収蔵。

北前船が行き交う時代に重宝された小樽の港

江戸時代から明治時代にかけて、流通の手段として活躍した北前船。関西地方から日本海沿岸を経由して北海道へ向かう交易船のことで、小樽も寄港地の一つだった。

明治維新後の近代化の波 北海道初の鉄道を敷設

港町として大きく発展したのは、明治維新以後に北海道の近代化が本格的に始まってから。明治13年（1880）には、北海道最初の鉄道・官営幌内鉄道（手宮線）（☞P92）が開通。内陸で産出される石炭を道外へ運び、昭和後期に廃線になるまで、日本の近代化に貢献した。

樺太獲得による急速な発展 銀行や商社が続々と進出

さらに小樽の発展を加速させたのは明治38年(1905)、日露戦争の終結によって樺太(現サハリン)の北緯50度以南が日本の領土になったこと。これを機に小樽は樺太への玄関口となり、小樽港の扱い量は急増。第一次世界大戦後には満州(中国東北部)、ヨーロッパへと航路も広がる。また大正10年(1921)には大規模な防波堤が完成するなど、港の繁栄とともに小樽は発展し、横浜や神戸と並ぶ国内屈指の貿易港となった。小樽運河(☞P91)の完成当時は小樽の全盛期であり、本州資本の銀行や商社、海運会社などの進出が相次いだ。

商都の繁栄を物語るみどころ

色内銀行街
銀行や商社が並んだかつての金融街が、後年こう呼称される。
交JR小樽駅から徒歩10分

小樽運河
整備された遊歩道と古い倉庫群がマッチする現在の小樽運河(☞P91)。かつては運河に荷役の船が密集していた

色内銀行街にて現役で活躍する建物

旧北海道銀行本店

●建築年
明治45年（1912）
●現在は
ワインカフェ／ワインショップ 小樽バイン（☞P102）
MAP付録P13C2

日本銀行旧小樽支店

●建築年
明治45年（1912）
●現在は
日本銀行旧小樽支店 金融資料館（☞P92）
MAP付録P13C3

旧百十三銀行小樽支店

●建築年
明治41年（1908）
●現在は
小樽浪漫館
（☞P106）
MAP付録P12D2

旧三菱銀行小樽支店

●建築年
大正11年（1922）
●現在は
小樽運河ターミナル
（☞P92）
MAP付録P13C2

旧安田銀行小樽支店

●建築年
昭和5年（1930）
MAP付録P13B2

旧郵政省小樽地方貯金局

●建築年
昭和27年（1952）
●現在は
市立小樽文学館
（☞P106）
MAP付録P13C3

堺町通りはちょこちょこ見て歩きが楽しいんです

散策所要
1時間

堺町通りは、乙女心くすぐる商品を揃えるみやげ店が軒を連ねるエリア。歴史的建造物を利用した店舗も多く、ウインドーショッピングするだけでも楽しめます。

1 Start!

大正硝子館《たいしょうがらすかん》 本店《ほんてん》

かわいいガラス小物が勢揃い

明治39年（1906）築の商家を利用したガラス店。工房で作るオリジナル商品をはじめ、夏の風鈴、冬の雪だるまなどをモチーフにした季節限定品にも注目してみて。

☎0134-32-5101 住小樽市色内1-1-8 ⏰9～19時（時期により変動あり）休無休 交JR小樽駅から徒歩12分 Pなし MAP付録P13C2

◀水ふうせん1430円は水玉模様が愛らしい壁掛けタイプの一輪挿し

▲食器やグラス、箸置きなど実用品も豊富

▲2階はカフェになっている

◀火を灯すと運河が浮かび上がる小樽運河キャンドルホルダー1870円。キャンドル4個付き

2

小樽《おたる》キャンドル工房《きゃんどるこうぼう》

手作りキャンドルをおみやげに

多彩なデザイン・香りのキャンドルを扱う専門店。オリジナルほか、季節ごとに新作も登場。伝統的なディッピング製法によるラーパーキャンドルの工房は国内でもここだけ。

☎0134-24-5880 住小樽市堺町1-27 ⏰10～19時（季節により変動あり）休無休 交JR小樽駅から徒歩13分 Pなし MAP付録P12D2

3

柳月《りゅうげつ》 オタルト店《おたるとてん》

帯広の有名菓子店でここだけの限定品をゲット！

帯広の名店「柳月」が小樽に初出店。「三方六」などの定番菓子をはじめ、「オタルト」「小樽硝子ジュレ」など同店限定品も販売する。併設カフェのソフトクリームもおすすめ！

☎0134-64-5222 住小樽市堺町3-18 ⏰9時30分～17時30分 休無休 交JR南小樽駅から徒歩12分 Pなし MAP付録P12D1

▲オタルト2個入り440円。発酵バターが香る生地に、大納言の蜜漬けを合わせた同店限定品

▲柳月の人気商品をラインナップ

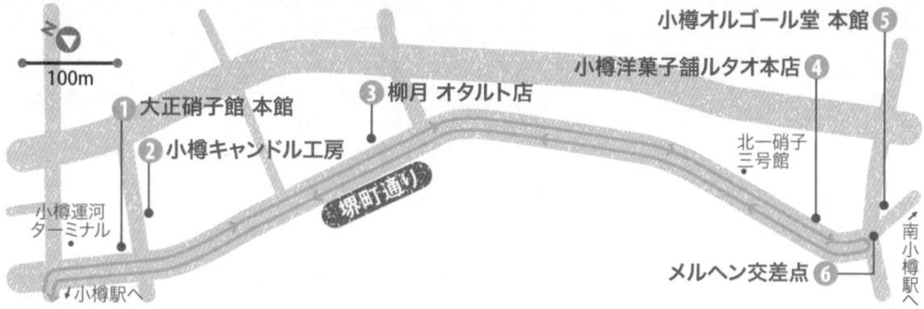

4 小樽洋菓子舗《おたるようがしほ》 ルタオ本店《るたおほんてん》

▲ケーキ1個とコーヒーか紅茶を選ぶケーキセット1050円（写真はイメージ）

全国区で人気の小樽スイーツ

看板商品のチーズケーキ「ドゥーブル フロマージュ」などのケーキやオリジナルの焼き菓子が揃う。2階には、ルタオのスイーツを味わえるカフェも併設。

☎0134-40-5480 住小樽市堺町7-16 ◷9〜18時（季節により変動あり、カフェは閉店30分前LO）休無休 交JR南小樽駅から徒歩5分 P契約駐車場利用（2000円以上の利用で1時間無料）MAP付録P12F1

（☞P96）

5 小樽オルゴール堂《おたるおるごーるどう》 本館《ほんかん》

心地よくやわらかな音色にうっとり

堺町通りのメルヘン交差点に面して立つ人気オルゴールショップ。3万8000点以上のアイテム数を誇り、1000円前後の手ごろな品から数百万円の高級品まで価格帯も幅広く揃う。シャンデリアが灯る、総ケヤキ造りの館内もステキ。

☎0134-22-1108 住小樽市住吉町4-1 ◷9〜18時（夏期の金・土曜、祝前日は〜19時）休無休 交JR南小樽駅から徒歩7分 Pなし MAP付録P12F1

▲ガラスの天使オルゴール すずらん【ピンク】4600円 スズランのような丸いフォルムがかわいい星を持った天使。愛らしいの「ピンク」

▲蒸気時計オルゴール 5940円。小樽オルゴール堂本館前に立つ蒸気時計がモチーフ。実際の時計としても使える優れもの。

◀大正4年（1915）築の歴史的建造物を利用

6 メルヘン交差点《めるへんこうさてん》

▲明治初期に活躍した灯台を模した常夜灯が立つ

堺町通りを代表する撮影スポット

堺町通りの南端にある五叉路の交差点。周囲には小樽洋菓子舗ルタオ本店や小樽オルゴール堂などの洋風建築が立ち並び、記念撮影スポットとして人気だ。

☎0134-32-4111（小樽市観光振興室）住小樽市堺町 ¥◷休見学自由 交JR南小樽駅から徒歩7分 Pなし MAP付録P12F1

小樽の2大ブランドをお持ち帰り ここでの逸品を手に入れよう

風味豊かなチーズケーキで全国区の人気を誇る、小樽を代表するスイーツブランドと、小樽を代表するガラスブランド。小樽の思い出を持ち帰りましょう。

ルタオスイーツ

看板商品「ドゥーブル フロマージュ」などのケーキやオリジナルの焼き菓子が揃う。

テノワール
24枚入り 2851円 ⒶⒷⒸⒺ

チョコにダージリンの香りをまとわせて、香ばしいココアクッキーでサンド

ドゥフロマージュロール
1本 1836円 Ⓐ

チーズケーキとチーズクリームをふわふわのスポンジでロール(冷凍食品)

ドゥーブル フロマージュ
1ホール 2160円 ⒶⒷⒸⒺ

2層のチーズケーキがふわりととろけ、みごとなハーモニーを奏でる(冷凍食品)

ロイヤルモンターニュ
15個入り 1512円 ⒶⒷⒸⒺ

口に含むとなめらかに溶けていき、ダージリンティーのふくよかな香りが広がるチョコ

小樽色内通りフロマージュ
24枚入り 2592円 ⒶⒷⒸⒺ

生地にもチョコにもチーズを使用した、口当たりの軽いラングドシャークッキー

レアチョコレートナイアガラ
8個入り 972円 ⒶⒷⒸⒺ

オリジナル生クリームで作るホワイトチョコ。まるで本物のブドウのような爽やかさ

SHOP LIST

Ⓐ小樽洋菓子舗《おたるようがしほ》ルタオ本店《るたおほんてん》
☎0134-40-5480
MAP 付録P12F1
奇跡の口どけセット(ドリンク付き)1500円

Ⓑルタオ《るたお》 パトス《ぱとす》
☎0134-31-4500
MAP 付録P12E1
ふわとろフロマージュスフレパトス(ドリンク付き)1870円

Ⓒルタオ《るたお》 プラス《ぷらす》
☎0134-31-6800
MAP 付録P12E1
ふわふわスフレオムレット(ドリンク付き)540円

Ⓓフロマージュデニッシュ《ふろまーじゅでにゅっしゅ》 デニルタオ《でにるたお》
☎0134-31-5580
MAP 付録P12F1
フロマージュデニッシュ1個378円

Ⓔヌーベルバーグ《ぬーべるばーぐ》 ルタオ《るたお》 ショコラティエ小樽本店《しょこらてぃえおたるほんてん》
☎0134-31-4511
MAP 付録P12E1
サンデリアン 各種1本594円(一部648円)

小樽洋菓子舗ルタオ本店の3階には展望室があり、堺町周辺を中心とした小樽の町並みやさわやかな港の風景を一望できます。

北一硝子

明治34年（1901）に誕生。小樽近代の歴史と共に成長した、小樽を代表するブランド。

北一硝子「花園店」で製作体験

ガラスの表面に砂を吹き付けて模様を描く「ガラスの彫刻製作体験」と、とんぼ玉とパーツを組み合わせて作る「とんぼ玉アレンジメント体験」ができます。

☎0134-33-1991 MAP付録P12D4

月見うさぎ一口ビールグラス 各3900円

手に馴染むひと口サイズのビアグラス。ツキを呼ぶうさぎの絵柄が愛らしい人気商品。

祝杯の気分をさらに楽しくするグラス

視覚・嗅覚を満足させるお香セット

切子香皿セット 各5950円～

カットが美しい器と香立てで色、デザインも豊富。お香スティックは1箱864円で別売りしている。

招きネコのかわいらしさに心奪われてしまう

招きネコ 各3900円

健康運や仕事運など、色別で5タイプあるネコのオーナメント。

人気No.1のツキを呼ぶ「月見うさぎ」シリーズ

月見うさぎ万華鏡グラス 5990円

グラスの側面の丸い窓をのぞくと、反対側のウサギが月にいるよう！

ゆらめく炎に心安らぐひとときを

キャンドルグラス 2200円

火を灯すと、グラスの水玉模様が幻想的な影を作り出す。キャンドル別売り4個入り324円。

堺町通り

北一硝子三号館《きたいちがらすさんごうかん》

石造り倉庫内に並ぶ小樽ガラス

明治34年（1901）創業の小樽ガラスの老舗。扱うオリジナルガラスは数万点に及び、館内は商品ジャンルごとに和・洋・カントリーの3フロアに分かれている。職人が作る、デザインと機能性を両立させた優れものを手に入れて。

☎0134-33-1993 住小樽市堺町7-26 時9～18時（北一ホールは～17時LO）休無休 交JR南小樽駅から徒歩10分 P契約駐車場利用(2000円以上の利用で2時間無料) MAP付録P12F1

1 石造倉庫の雰囲気を色濃く残す洋のフロア
2 北一の文字に歴史を感じる店構え

小樽ではかつて漁で使う浮き球をガラスで作っていました。それがやがて器作りへと移行し、ガラス細工が有名になったのです。

静かな小樽を楽しみたいなら 北運河～色内がおすすめです

散策所要 1時間

観光客で賑わう浅草橋付近や堺町通りも楽しいけれど、静かに旅情に浸るならこのエリア。郷愁を誘うたたずまいの北運河や落ち着いたカフェ、かわいい雑貨店をめぐりましょう。

◀係留された船を眺めれば旅情を誘われる

1 北運河《きたうんが》

小樽運河が見せるもう一つの顔

かつて艀《はしけ》とよばれる小舟が行き交っていた運河。現在は釣り船などが係留されていて、当時と変わらぬ40mの運河幅からかつての面影を感じることができる。浅草橋付近とは対照的に静かな雰囲気だ。

☎0134-32-4111（小樽市観光振興室）住小樽市色内3 ¥休⏲散策自由 交JR小樽駅から徒歩15分 Pなし MAP付録P12E3

2 旧日本郵船株式会社《きゅうにっぽんゆうせんかぶしきがいしゃ》 小樽支店《おたるしてん》

北運河を代表する美しい洋風建築

明治39年（1906）、海運業を営む日本郵船株式会社の支店として建築。近世ヨーロッパ復興様式を採用した石造2階建建築で、国の重要文化財に指定されている。

住小樽市色内3-7-8
※現在は大規模な保存修理工事実施のため休館。工事に関する問合せは教育委員会生涯学習課0134-32-4111(内線531)へ。
MAP付録P12E3

◀かつて支店の前に船入澗（ふないりま）があった

▲クラシカルなインテリアも見もの

▲ブランコのように揺れるベンチが心地いい

3 運河公園《うんがこうえん》

散策に最適な憩いのスポット

小樽運河の北端に位置する公園。旧日本郵船の船入澗(小舟の荷降ろし場)だった場所にある。大正時代の石造り倉庫を復元した休憩棟や遊戯棟、噴水などが設けられている。

☎0134-32-4111(小樽市観光振興室) 住小樽市色内 ¥⏲休散策自由 交JR小樽駅から徒歩15分 Pなし MAP付録P12E3

＼料理人も訪れる市場／

「鱗友朝市」では新鮮な魚介や干物などを販売。海鮮丼などを味わえる食事処も。
☎0134-22-0257 MAP付録P12E3

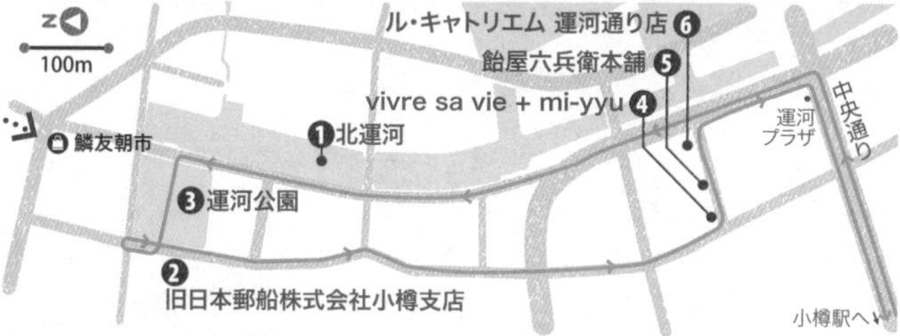

▲木枠のガラス戸や瓦屋根がノスタルジックな雰囲気を漂わせる

4 vivre sa vie + mi-yyu《ゔぃゔれ さゔぃ ぷらす みーゆ》

昔の文具店がかわいい雑貨店に

茶や紙、文具を販売していた明治期の歴史的建造物を利用した雑貨店。国内外からセレクトされた雑貨や文房具が並び、人気を集めている。

☎0134-24-6268 住小樽市色内2-4-7 営11～17時 休月・火曜（祝日の場合は営業） 交JR小樽駅から徒歩10分 Pなし MAP付録P13A2

シラカバの樹皮を細工した小箱で、ロシアの民芸品。1620円～

▶美濃和紙の一筆箋440円～、ブロックメモ495円～、どちらも絵柄がかわいい

Goal!

6 ル・キャトリエム 運河通り店《る・きゃとりえむ うんがどおりてん》

彩り豊かで繊細な手作りケーキを

1階では季節のフルーツや上質な生クリームを使用したケーキを販売。2階は運河を望むカフェになっており、イートイン限定スイーツやランチセット1000円～などが楽しめる。

☎0134-27-7124 住小樽市色内2-3-1 営12～17時 休火・水曜 交JR小樽駅から徒歩10分 Pなし MAP付録P13A2

▲2階のカフェはフレンチテイストを取り入れたセンスのいい内装

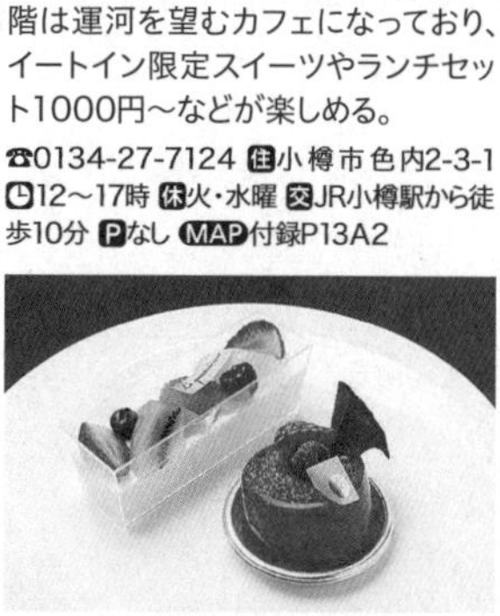

▶見た目も美しいケーキは、1個400円前後

5 飴屋六兵衛本舗《あめやろくべえほんぽ》

昔ながらの素朴な手作り飴

初代は富山で飴屋を始め、3代目が明治24年（1891）に小樽へ。大正7年（1918）に会社を創業した老舗の飴屋。道産のてん菜糖と小樽の水で手作りする飴は、優しく素朴な味。

☎0134-22-8690 住小樽市色内2-4-23 営9～17時（土曜は10～16時） 休日曜、祝日 交JR小樽駅から徒歩10分 Pなし MAP付録P13A2

▲中に練りあんを入れ、手切りで仕上げた雪たん飴160g350円

旧日本郵船株式会社に荷物を降ろす船が入ってきた船入澗。現在は運河公園として、噴水を眺めつつ市民が憩う場所となっています。

そろそろお昼どき 港町の海鮮丼とお寿司はいかが

土地の食を堪能するのは旅の楽しみの一つ。特に旬の味覚は逃したくないものです。
港町・小樽ならではの良質な季節の海鮮を、お手ごろなお寿司や丼で味わいましょう。

旬の握り3980円
季節により最もうまい旬の魚介を提供。全12カン、吸い物付き

堺町通り

ふじ鮨 小樽店《ふじずし おたるてん》

新鮮魚介は天ぷらや一品料理でも登場！

積丹や小樽で水揚げされる鮮度抜群のネタと、それをさばく職人による確かな技術が評判。寿司はもちろん、ウニやシャコなどを使った幅広いメニューが特徴だ。

☎0134-33-0232 住小樽市堺町5-36 ◷11～20時 休不定休（冬期は木曜） 交JR南小樽駅から徒歩15分 P3台 MAP付録P12E1

大正時代の米蔵を改装し、壁や梁が当時を偲ばせる

❖予算目安❖
昼 2000～3000円
夜 3000～5000円

魚真にぎり3500円
ウニやズワイガニなど全15貫に土瓶蒸しまで付くお得なセット

小樽運河周辺

魚真《うおまさ》

地元客にも観光客にも人気の本格握り

地元客を中心に、常に賑わいをみせる人気店。小樽近海で水揚げされた新鮮魚介の握りや、海鮮丼などをお手ごろ価格で楽しめる。新鮮なネタ、満足度の高い品が豊富。

☎0134-29-0259 住小樽市稲穂2-5-11 ◷12～14時、16時～20時15分LO 休日曜 交JR小樽駅から徒歩6分 P8台 MAP付録P13B3

テーブル席やカウンター席のほか、座敷も用意する

❖予算目安❖
昼 2000～4000円
夜 4000～5000円

小樽の寿司はなぜおいしい？

市内には祝津《しゅくづ》、塩谷《しおや》、忍《おしょ》路《ろ》の3つの漁港があり、揚がったばかりの鮮魚が寿司ネタに使われる。また、市民の目と舌が肥えているので職人も技術を磨く必要があり、寿司のレベルも高いのだ。

●小樽のおすすめネタ●

シャコ
旬●4～6月、10～12月
春は子持ちで、秋はうま味たっぷりの身を堪能できる小樽名物。

ウニ
旬●5月中旬～8月
濃厚な風味ととろけるような甘味を楽しめる、夏の小樽の看板ネタ。

ニシン
旬●2月上旬～3月下旬
脂がのりつつあっさりめの身は、サクッと心地よい歯ざわりが特徴。

うろこ厳選三色丼
3980円
本マグロの中トロ、サーモン、オレンジ色に輝くウニの人気丼

豪華食材を詰め込んだ宝箱

堺町通りにある昔ながらの定食屋「万次郎」。脂ののったサーモンに自家製のいくら醤油漬けを盛った鮭親子丼2800円が一番人気の丼です。

☎0134-23-1891 MAP付録P12D2

色内

魚屋直営食堂《さかなやちょくえいしょくどう》 うろこ亭《うろこてい》

あふれんばかりのネタにワクワク

海産物店の2階にあり、1階で選んだ魚介を刺身や焼物で堪能できる。人気は、豪快にネタが盛り付けられる海鮮丼。新鮮な活タラバ（時価）やホタテ刺身1100円～もおすすめだ。

☎0134-21-7570 住小樽市色内1-5-16 うろこ番屋2階 ◷11～20時（5～10月は～22時） 休無休 交JR小樽駅から徒歩10分 Pなし MAP付録P13B2

テーブル席を中心に全50席を備える広い店内

小樽駅周辺

北のどんぶり屋《きたのどんぶりや》 滝波食堂《たきなみしょくどう》

旅人の心を満たすどんぶり

三角市場の魚屋直営のどんぶり屋。新鮮な小樽の浜料理や定食の数々が楽しめる。新鮮ネタ10種類の中から好きなネタを選んでトッピングする、わがまま丼は一番人気。

☎0134-23-1426 住小樽市稲穂3-10-16三角市場内 ◷8～17時 休無休 交JR小樽駅から徒歩1分 P三角市場横に有料（駅横駐車場）あり MAP付録P13A4

向かいの魚屋滝波商店はみやげが豊富

わがまま丼2200円～
新鮮ネタ10種とは自家製イクラ、生ウニ、カニ、本マグロなど。選ぶネタにより、丼の価格は変動。

ポセイ丼 3080円
ウニやイクラなど贅沢なネタが9種ものる！ 鉄砲汁付き

堺町通り

海鮮丼屋《かいせんどんや》 小樽ポセイ丼総本店《おたるぽせいどんそうほんてん》

財布もお腹も満足のお手ごろ価格

ポセイ丼（写真）にファンが多い人気店。イクラ丼2090円のほかワンコインで食べられる丼もあり、リーズナブルな価格が魅力。海鮮丼や定食だけでなく、ホッケやシャケ、イカなど、新鮮ネタの炉端焼きも自慢。

☎0134-61-1478 住小樽市堺町4-9 ◷11～19時（時期により変動あり） 休無休 交JR南小樽駅から徒歩15分 Pなし MAP付録P12E1

新鮮なネタがカウンターに並び、食欲をそそられる

あまり時間がないけれど海鮮を食べたい！という人は堺町通りをチェック。ホタテやカニ脚などを店頭で焼いて販売しています。

クラシカルな歴史ある建物で洋食ランチも気になります

異国情緒あふれる小樽の街には、新旧問わずおいしい洋食の店が点在しています。
歴史ある建物を利用したレストランで、非日常的な雰囲気も味わってみませんか。

肉料理のAランチと魚料理のBランチ（各1100円）を週替わりで用意
写真はAランチの一例
「知床鶏のピッツァイオーラ」

▲建築当時の面影を残す、札幌軟石と木が調和する店内

北のウォール街

わいんあんどかふぇれすとらん おたるばいん

ワイン&カフェレストラン小樽バイン

銀行として利用された重厚な建物

地元ワイナリーの「北海道ワイン」や「十勝」「ふらの」など、100種以上の道産ワインを取り扱う。石壁の落ち着いたカフェでは、1杯400円～と手ごろに揃うグラスワインとともに季節の道産食材を使った料理を満喫できる。

☎0134-24-2800 住小樽市色内1-8-6 ⏲11時30分～20時LO（14～17時は軽食のみ、ワインショップは11～20時、季節により変動あり）休無休 交JR小樽駅から徒歩7分 P契約駐車場利用（利用に応じて無料）MAP付録P13C2

建物の歴史

明治45年（1912）築の元銀行の建物。北のウォール街といわれるかつての金融街に位置する。

入船

べりーべりーすとろべりー

ベリーベリーストロベリー

オーナーシェフこだわりの味を提供

地元小樽の新鮮魚介で作る、本格イタリアンに定評がある。肉や魚料理をはじめ、パスタ、ピッツァとメニューも豊富で、魚介を存分に味わえるパスタが特に人気。夜は、たこのマリネ1628円などつまみにグラスワインを楽しんで。

☎0134-23-0896 住小樽市入船1-2-29 ⏲11時30分～15時、18～21時（土・日曜、祝日は17時30分～21時）休無休 交JR南小樽駅から徒歩8分 P7台 MAP付録P12F2

建物の歴史

昭和初期に、かばん屋の倉庫として建てられたレンガ造りの建物。再生された現在も店内は旅情満点。

▶港町のシチリアやナポリを彷彿させる店内

生うにのアーリオ・オーリオスパゲッティ　2800円
ウニの旨みを余すところなく伝えるひと品。小樽近海の幸が主役のシェフ会心の作

北運河を望み 優雅な時を過ごす

一枚板のカウンターがひと際目を引く「GOLDSTONE cafe」。古い石蔵を改装した店内にはシックで個性的な空気感が漂う。当面の間はライブ開催時のみの営業。詳しくはホームページにて。
☎0134-33-5610 MAP付録P12E3

パエリヤ
2人前3900円
エビやカニなど魚介が満載で、目にも楽しい一品。注文は2人前〜。

建物の歴史
明治中期に建てられた石蔵で、壁や梁などに建築当時の面影が残る。

色内

洋食屋マンジャーレ TAKINAMI《ようしょくや まんじゃーれたきなみ》

石壁残る店内で手作りの味に舌鼓

近海物の鮮魚や道産小麦など地元食材を盛り込んだ、約40品の洋食メニューが揃う。ソースから丁寧に手作りで仕込む料理の味はもちろん、古い石壁が残る店の雰囲気も魅力だ。

☎0134-33-3394 住小樽市色内2-1-16 ⏰11時30分〜14時LO、17時30分〜20時LO 休水・木曜 交JR小樽駅から徒歩10分 P3台 MAP付録P13B2

ランチは1200円から用意している

自家製ソーセージプレート
(手前) 1078円
ビール (奥) 1杯517円〜など
ビールを飲み比べつつ、それぞれに合うおつまみを選ぶのも楽しみ。

建物の歴史
運河に並ぶ倉庫群の一つで、大正時代の穀物倉庫を店舗に改装。

小樽運河

小樽ビール 小樽倉庫No.1《おたるびーる おたるそうこ なんばーわん》

運河倉庫で味わう小樽の地ビール

小樽軟水を使い、本場ドイツの醸造技術で作る地ビールが人気のビアレストラン。ピルスナー、ドンケル、ヴァイスと味わいの異なる3種のビールのほか、季節限定品も登場する。

☎0134-21-2323 住小樽市港町5-4 ⏰11〜21時LO 休無休 交JR小樽駅から徒歩12分 Pなし MAP付録P13C1

無料の醸造所見学も実施している

ランチコース
1500円
メインはパスタ・魚料理・肉料理から選べる。デザート、ドリンクなどが付く。

建物の歴史
赤茶の壁と格子窓がモダンな印象を与える大正末期の一軒家をリノベーション。

色内

ビストロブランシュ《びすとろぶらんしゅ》

洗練された技で味わう道産食材

大正期の洋風建築を利用。地物を中心とした道産食材と、フレンチ&イタリアンの調理法を融合させた料理が揃う。品数充実の夜のアラカルトが好評で、ディナーコースは3050円〜。

☎0134-32-5514 住小樽市色内1-9-10 ⏰11時30分〜14時LO、17時30分〜20時30分LO 休火曜、不定休あり 交JR小樽駅から徒歩10分 P2台 (冬期はなし) MAP付録P13C2

ダークトーンの落ち着いた空間

小樽の旅もそろそろ終わり レトロカフェで旅の余韻を楽しんで

レトロでエキゾチックな街を十分に歩いたら、最後はカフェでひと休み。
小樽の歴史と独特のムードを感じさせるお店で、旅の思い出を締めくくりましょう。

堺町通り

北一ホール《きたいちほーる》

ランプの火が照らす幻想的な空間

北一硝子三号館内（☞P97）にあり、店内には167個の石油ランプが灯る。やわらかな灯りのなか、ドリンク各種やケーキセットのほか、海鮮丼1830円などの食事も楽しめる。スタッフ手作りの特製ミルクティー620円も好評。

☎0134-33-1993 住小樽市堺町7-26 ⏲9時45分～17時30分LO 休無休 交JR南小樽駅から徒歩10分 P契約駐車場利用(2000円以上の利用で2時間無料)
MAP付録P12F1

ケーキセット 720円

ケーキは季節ごとに替わり、常時4種類を用意。単品420円。

ココが素敵♥
石油ランプのほのかな灯りに照らされ、ロマンチックな雰囲気。

石造りの倉庫をほぼそのまま利用した北一硝子三号館

9時～9時30分ごろにすべてのランプを点灯します

ココが素敵♥
美しいガラス小物が並ぶ建物の奥にあり、壁のイラストなどレトロ感が漂う。

堺町通り

Cafe DECO《かふぇ でこ》

ガラスショップ奥にある隠れ家カフェ

明治41年(1908)築の元銀行を改装した小樽浪漫館(→P106)に併設。アンティークの椅子やテーブル、照明などがノスタルジックな雰囲気を醸し出している。小樽の水を使い、ネルドリップで丁寧にいれるコーヒーは、小樽ブレンド440円が定番人気。

☎0134-31-6566 住小樽市堺町1-25 ⏲10時～16時30分LO 休無休 交JR小樽駅から徒歩13分 Pなし MAP付録P12D2

ケーキセット(写真の場合)440円＋ドリンク440円−100円=780円

お好みのケーキ+ドリンクを100円引きに。イチオシはチーズケーキ！

銀行として明治41年(1908)に建てられた。堺町通りに面した洋風建築が目を引く

店内に飾られたかわいい小物も目をひきます

大正時代創業の老舗でアイスを

小樽駅から近い「アイスクリームパーラー美園」は、創業時からの製法による口どけなめらかなアイスが人気。パフェやクリームぜんざいで楽しみましょう。アイスクリームソフト550円。
☎0134-22-9043 MAP付録P13B3

ココが素敵♥
欄間や縁側があり、床は畳敷きという、昔ながらの造りの住宅。

天狗山周辺

なはな

菜はな

おばあちゃん家のような居心地よさ

築80年以上の民家をカフェに改装し、蛭田《ひるた》さん夫婦が営む。妻の美井《よしい》さんは管理栄養士で、玄米を中心とした自然派の手作り料理が評判。畳敷きの店内には日当たりのよい縁側もあり、どこか懐かしいくつろぎ感と安心感が漂う。

☎0134-24-1713 住小樽市最上1-3-13 ⏲11～15時LO 休日曜 交JR小樽駅から北海道中央バス天狗山ロープウェイ行きで10分、洗心橋下車、徒歩3分 P6台 MAP付録P12E4

デザートセット 750円

手作りデザートとドリンクの組合せ。デザートは日替わりで1・2種類を提供。内容は店内ボードでチェックしよう。

静かな住宅地の一角にあり、隠れ家的ムードも魅力

北運河

ぷれすかふぇ

PRESSCAFÉ

インドカレーも評判の倉庫カフェ

北運河に面して立つ築100年以上の石造り倉庫を、白壁のシックなカフェにアレンジ。窓ガラス越しに眺める運河の風景も爽快だ。建築当時の天井や梁が残る店内で、本格インドカレーやパスタをはじめとしたフードメニュー、自家製のケーキセット720円～などを味わえる。

☎0134-24-8028 住小樽市色内3-3-21 ⏲11時30分～20時30分LO 休木・金曜 交JR小樽駅から徒歩15分 P10台 MAP付録P12E3

ココが素敵♥
歴史ある倉庫を生かしつつ、温かみとモダンさが共存する内装。

明治28年（1895）築。北運河を望む旧渋澤倉庫の一角を利用

チーズチーズケーキ 850円

ベイクドチーズケーキとレアチーズケーキの2段重ね。ドリンクセットで提供。

ココにも行きたい

小樽のおすすめスポット

小樽運河周辺

小樽市総合博物館《おたるしそうごうはくぶつかん》運河館《うんがかん》

小樽の歴史と自然を展示で紹介

運河プラザ隣、旧小樽倉庫を利用。館内は街の歩みを紹介する歴史コーナーや考古資料など、多彩な資料を展示。DATA ☎0134-22-1258 住小樽市色内2-1-20 ¥入館300円 ◷9時30分～17時 休無休 交JR小樽駅から徒歩10分 P20台 MAP付録P13B2

北のウォール街

市立小樽文学館《しりつおたるぶんがくかん》

小樽ゆかりの作家を資料で知る

昭和27年（1952）築の歴史的建物を利用。小林多喜二など小樽ゆかりの作家の直筆原稿や書簡など貴重な資料を展示。ドネーション（寄付）制のカフェも併設。DATA ☎0134-32-2388 住小樽市色内1-9-5 ¥入館300円 ◷9時30分～17時（最終入館は～16時30分） 休月曜（祝日の場合は翌日） 交JR小樽駅から徒歩10分 P20台 MAP付録P13C3

手宮

小樽市手宮洞窟保存館《おたるしてみやどうくつほぞんかん》

貴重な続縄文期の壁画彫刻を保存

約1600年前に描かれた壁面彫刻を鑑賞できる。館内では世界各地の洞窟壁画や、続縄文時代の文化も紹介。DATA ☎0134-24-1092 住小樽市手宮1-3-4 ¥入館100円 ◷9時30分～17時 休火曜（祝日の場合は翌日以降の平日、11月上旬～4月下旬休館） 交JR小樽駅から北海道中央バス高島3丁目行きで10分、総合博物館下車すぐ P120台 MAP付録P12F3

堺町通り

小樽浪漫館《おたるろまんかん》

レトロとロマンが同居する美しい空間

明治41年(1908)築の旧百十三銀行小樽支店を再生利用。ガラス細工やアクセサリーが店内をきらびやかに彩る。一年を通してクリスマス雑貨も販売。Cafe DECO(☞P104)を併設する。DATA ☎0134-31-6566 住小樽市堺町1-25 ◷9時30分～17時30分 休無休 交JR小樽駅から徒歩13分 Pなし MAP付録P12D2

天狗山

小樽天狗山ロープウエイ《おたるてんぐやまろーぷうえい》

山頂から小樽市街と海を一望

天狗山山麓から山頂まで約4分間の空中散歩を楽しめる。山頂には天狗の館やスキー資料館も。DATA ☎0134-33-7381 住小樽市最上2-16-15 ¥往復1600円 ◷9～21時（季節により変動あり） 休4・11月に整備運休あり 交JR小樽駅から北海道中央バス天狗山ロープウェイ行きで17分、終点下車すぐ P150台 MAP付録P12E4

堺町通り

オルゴール堂《おるごーるどう》®海鳴楼《かいめいろう》 本店《ほんてん》

MYオルゴール作りにトライ

明治26年（1893）築の銀行建築を利用した店内にオリジナルブランドのオルゴールが並ぶ。所要1時間～1時間30分程度のオルゴール制作体験1000円～も。DATA ☎0134-23-6505 住小樽市堺町1-20 ◷9～21時（冬期は～18時） 休無休 交JR小樽駅から徒歩12分 Pなし MAP付録P12D2

小樽駅周辺

あまとう 本店《ほんてん》

昭和のムードを残す喫茶で休憩を

昭和4年（1929）創業で銘菓のマロンコロンが有名。人気のクリームぜんざい560円～はしょうゆ、イチゴの味も揃い、2階のクラシカルな喫茶室で楽しめる。DATA ☎0134-22-3942 住小樽市稲穂2-16-18 ◷10～19時（喫茶室は12～17時） 休木曜（喫茶室は水曜、臨時休業あり） 交JR小樽駅から徒歩5分 P6台 MAP付録P13C3

小樽運河そばのグルメスポット

名物料理を味わえるフードテーマパークへ。

おたる政寿し《おたるまさずし》 ぜん庵《ぜんあん》

小樽運河を目の前に、極上握りに舌鼓

昭和13年（1938）創業の老舗寿司店の支店。小樽運河を目の前に望む。厳選ネタを使った極上握りが自慢。DATA ☎0134-22-0011 住小樽市色内1-2-1 ◷11時～14時30分LO、17時～20時30分LO 休木曜、ほか不定休あり 交JR小樽駅から徒歩10分 P9台 MAP付録P13C2

小樽出抜小路《おたるでぬきこうじ》

チョイ飲みOKのグルメスポット

昔の小樽の町並みを模した敷地内で天ぷら、海鮮丼、ジンギスカンなど、17店が営業。DATA ☎0134-24-1483（協和総合管理） 住小樽市色内1-1 ◷店舗により異なるが11時30分～21時が目安 休店舗により異なる 交JR小樽駅から徒歩10分 Pなし MAP付録P13C2

観光拠点に便利な 小樽のホテル

小樽駅前のシティホテルから
運河周辺のクラシカルなホテルまで
個性的なホテルが揃います。

小樽駅周辺

天然温泉 灯の湯《てんねんおんせん あかりのゆ》 ドーミーインPREMIUM小樽《どーみーいんぷれみあむおたる》

駅近ホテルで天然温泉を楽しむ

小樽駅前に立つ好立地で、天然温泉の大浴場付き。旬の魚介を満喫できる朝食バイキング2800円も好評。DATA ☎0134-21-5489 住小樽市稲穂3-9-1 交JR小樽駅からすぐ P80台（1泊1200円）MAP付録P13B4 ¥1名1万円～、2名1万3000円～ ⏲IN15時 OUT11時 ●全245室（ツイン106、ダブル99、クイーン5、和室4、和洋室8、ユニバーサル1、カプセル22）

小樽駅周辺　全室禁煙

オーセントホテル小樽《おーせんとほてるおたる》

館内の飲食施設が充実&人気

焼き立てパンが並ぶベーカリーやレストラン、ムード満点のラウンジバーを備えるシティホテル。上層階の客室からは小樽港を一望できる。宿泊者専用の浴場は利用料無料。DATA ☎0134-27-8100 住小樽市稲穂2-15-1 交JR小樽駅から徒歩5分 P90台（1泊1000円）MAP付録P13C3 ¥シングル（朝食付）9700円～、ツイン（朝食付）1万5200円～ ⏲IN14時 OUT11時 ●全175室（シングル20、ツイン88、ダブル28、トリプル6、和室5、スイート12、その他16）

小樽運河周辺

ホテルノルド小樽《ほてるのるどおたる》

運河前に引き立つ大理石の外観

ヨーロッパ調の重厚な外観が印象的。館内中央には噴水のあるパティオを配し、リゾート気分が満喫できる。最上階のバー Duomo Rossoからは、港を望む好ロケーションも楽しめる。全館Wi-Fi対応。DATA ☎0134-24-0500 住小樽市色内1-4-16 交JR小樽駅から徒歩7分 P48台（1泊1200円）MAP付録P13B2 ¥ツイン9000円～（日により変動あり、詳細は要確認）⏲IN15時 OUT11時 ●全98室（シングル6、ツイン75、その他17）

小樽運河周辺

ホテルソニア小樽《ほてるそにあおたる》

西洋の情緒と小樽の風情が融合

新築最上階にある温泉大浴場が人気。とろみのある泉質が心地よい。全149室のうち約7割が小樽運河に面しています。北館一階の食事処はリニューアル済み。DATA ☎0134-23-2600 住小樽市色内1-4-20 交JR小樽駅から徒歩8分 P50台（1泊1200円）MAP付録P13C2 ¥シングル（朝食付）1万2000円～、ツイン（朝食付）1万円～ ⏲IN15時 OUT11時 全149室（ツイン143、ダブル2、その他4）

小樽運河周辺

運河の宿 おたる ふる川《うんがのやど おたる ふるかわ》

2023年に温泉付和洋室も完成

露天風呂を備える風情ある温泉に浸かり、湯上がりには別館「光ラウンジ」でゆったりと過ごせる。好評の朝食は、焼き立てパンと近郊食材の料理が並ぶ和洋バイキング。愛犬プランは1日1室限定。DATA ☎0134-29-2345 住小樽市色内1-2-15 交JR小樽駅から徒歩13分 P20台（1泊600円）MAP付録P13C2 ¥シングル（朝食付）1万1750円～、ツイン（朝食付）1万7250円～ ⏲IN15時 OUT12時 ●全30室（シングル5、ツイン5、和室3、温泉付和洋室4、その他13）

ひと足のばして　**朝里川温泉**

庭園の宿 おたる 宏楽園《ていえんのやど おたる こうらくえん》

広大な和風庭園に囲まれた純和風宿

自家源泉「美肌の湯」と旬の和風会席を堪能できる和風旅館。露天風呂が付いた客室では、四季折々の庭園を眺めながらの湯浴みを楽しめる。大浴場「森の湯」は周りが緑に囲まれていて、セルフロウリュができる本格フィンランドサウナもある。

1 特別室は2室ある
2 肌がつるつるするのが特徴で、美肌の湯といわれている

DATA ☎0134-54-8221 住小樽市新光5-18-2 交JR小樽駅から北海道中央バス朝里川温泉行きで25分、宏楽園下車徒歩2分 P40台 MAP付録P3B2 ¥1泊2食付き1名一般和室3万800円～、露天付客室4万2900円～、特別室4万8400円～（入浴税150円別、時期により変動あり）⏲IN15時 OUT11時 ●全34室（露天風呂付き特別室2、露天風呂付き客室24、露天風呂付きバリアフリー2、和室タイプ5、洋室タイプ1）

小樽からひと足のばして 積丹半島へ1dayドライブ

天気のいい日は足をのばして、積丹半島への日帰り旅を楽しみましょう。
青く澄んだ海や夏に漁期を迎えるウニなど、海沿いの町ならではの楽しみが待っています。

START!

小樽駅《おたるえき》

小樽駅構内の駅レンタカーをはじめ、トヨタレンタカーなど、200m圏内に2社。乗り捨て無料など各社で条件が異なる。

約6km
15分

1 にしん御殿《にしんごてん》 小樽《おたる》 貴賓館《きひんかん》 (旧青山別邸《きゅうあおやまべってい》)

ニシン漁で財をなした網元の豪邸

大正6年（1917）から6年半をかけて建てられた大網元の別邸で、国の登録有形文化財。美しい庭園を有し、部屋ごとにしつらえられた襖絵や屏風などもみごと。レストランでは小樽の山海の幸を和食で味わえる。

☎0134-24-0024 住小樽市祝津3-63 ¥旧青山別邸入館1100円 営9～17時（11～3月は～16時、受付各30分前、レストランは10時～） 休無休 交JR小樽駅から北海道中央バスおたる水族館行きで20分、祝津3丁目下車、徒歩5分 P30台 MAP付録P12F2

1 贅を尽くしながらも気品と風格が漂う邸内 2 庭園で四季折々の風景を観賞する楽しみも

約25km
38分

2 ニッカウヰスキー《にっかういすきー》 余市蒸溜所《よいちじょうりゅうしょ》

「日本のウイスキーの父」が設立

ニッカウヰスキー創業者・竹鶴政孝が本格ウイスキーを作るべく昭和9年（1934）に設立。ウイスキーやワイン、リンゴジュースなどの試飲も楽しみだ。30分間隔で無料のガイド付き見学を実施している（12時30分を除く）。

約24km
36分

1 正門を入ってすぐに見える乾燥棟（キルン塔） 2 適度な温度が保てるよう設計された貯蔵庫

☎0135-23-3131 住余市町黒川町7-6 ¥入場無料 営9時～16時15分（ガイド付き見学は最終15時） 休年末年始 交JR余市駅から徒歩3分 P60台 MAP付録P3A2

総距離 152km（小樽駅発着）
走行時間 3時間54分

!ドライブワインポイント

余市までは比較的平坦で走りやすく、積丹半島からは山道や海沿いを行く爽快なドライブコース。絶景ポイントも点在する。海沿いはカーブが多いので速度に注意。

広域MAP 付録P3A2～B2

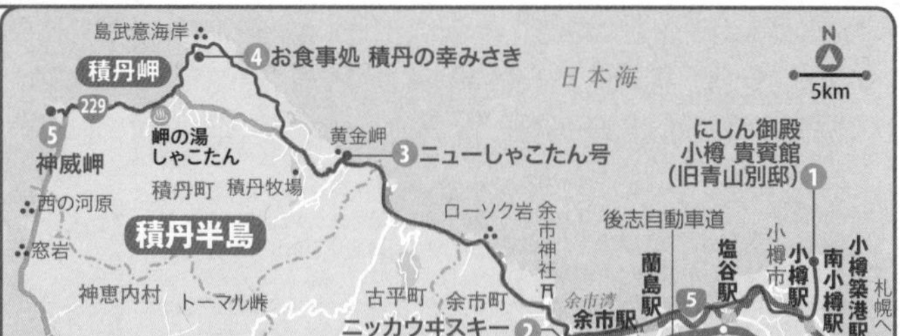

2つの岬の絶景を露天風呂から望む

神威岬や積丹岬を望む露天風呂がある「岬の湯 しゃこたん」。開放的な景色をお風呂でのんびり楽しめるなんて、贅沢なことこのうえなし！入浴料は900円です。
☎0135-48-5355 MAP付録P3A2

▲積丹ブルーと呼ばれる青い海をクルージング

約17km 25分

4 お食事処 積丹の幸みさき《おしょくじどころ しゃこたんのさちみさき》

絶対食べたい！とれたて生ウニ

ウニ漁師の店主が営む行列必至の人気店。夏のウニ漁期には前浜でとれた生ウニを丼や活うに2個1000円などで味わえる。秋は生ちらし3000円(10月～)目当ての客も。

☎0135-45-6547 住積丹町日司町236 ⏲9～15時 休第1・3水曜不定休、第2・4水曜、7月2日 交JR余市駅から車で1時間 P27台 MAP付録P3A2

▶繁忙期には店の外まで行列ができる

生うに丼3800円
すっきりした甘さのキタムラサキウニが満載

3 ニューしゃこたん号《にゅーしゃこたんごう》

奇岩めぐり&海中展望を船で楽しむ

シャコタンブルーとよばれる海を間近に体感できる観光船。展望室の窓からは海底を、船上からは雄大な自然風景を満喫できる。不定期で運航するため、電話で事前に出航確認するのがおすすめ。

☎0135-44-2455(積丹観光振興公社) 住積丹町美国町船澗1979-2美国漁港内 ¥乗船1900円 ⏲9時～16時30分(時期により変動あり) 休荒天時、10月下旬～4月中旬運休 交JR余市駅から車で40分 P100台 MAP付録P3A2

約13km 20分

約152km 3時間

GOAL!

新千歳空港《しんちとせくうこう》

各レンタカー会社は空港から少し離れた場所にある。返却は時間に余裕をもって。

▼青く澄んだ美しい海がどこまでも広がる

5 神威岬《かむいみさき》

自然の神秘を感じさせる景勝地

積丹半島の西北端に突き出した岬。女人禁制の門右手を上がると、先端へと続く竜の背のような岬と青い海が織りなす神秘的な景観を楽しめる。太陽が海を赤く染めながら沈んでいく夕景も見事。☎0135-44-3715(積丹観光協会) 住積丹町神岬町シマツナイ ⏲ゲート開門8～19時(季節・天候で変動あり) 休無休 交JR余市駅から車で1時間10分 P300台 MAP付録P3A2

約67km 1時間40分

GOAL!

小樽駅《おたるえき》

駅周辺で車を返却。小樽駅から新千歳空港まではJR快速エアポートで最速1時間12分。

一面に咲くヒマワリ畑に感動

緩やかな丘に木がちょこん

ラベンダーにトンボがやって来た!

展示が楽しい旭山動物園

アザラシがそばに来てくれた

ペンギンが空を飛んでいるみたい

動物園の正門前でパチリ

畑に麦稈ロールがごろごろ

丘の美景から人気の動物園までおまかせ
美瑛・富良野・旭山動物園へ

動物の行動展示で一躍人気になった旭山動物園。
その南にはのどかな丘や畑が広がる美瑛・富良野があり、
北海道ならではの雄大な景色を満喫できます。
のんびりドライブしながら、その魅力を感じてみて。

森でエゾリスが追いかけっこ

四季彩の丘のお花畑のじゅうたん

美瑛・富良野・旭山動物園ってこんなところ

北海道のほぼ中央。緩やかな丘に、
花や穀物の畑が連なる雄大な田園風景は必見です。

起点となる旭川駅をcheck

駅周辺に草花を植栽し、「あさひかわ北彩都ガーデン」として整備。市民自慢の美しさを誇る。

新駅舎の外観はガラス張り

観光みどころは3つのエリア

ラベンダー畑や、ドラマ・CMのロケ地として有名な富良野、一大農作地で北海道らしい雄大な穀物畑が広がる丘の町・美瑛、北海道第2の都市であり、人気スポットの旭山動物園がある旭川の3エリアがみどころ。

観光前に情報を集めよう

特に色とりどりの花畑が美しい富良野観光では、花の開花情報を事前にチェックするのが肝心。また夏期運行の観光に便利な周遊バスなどの情報も忘れずに確認を。

問合せ 旭川観光物産情報センター ☎0166-26-6665
問合せ 美瑛町観光協会 ☎0166-92-4378
問合せ ふらの観光協会 ☎0167-23-3388

アクセスをCheck

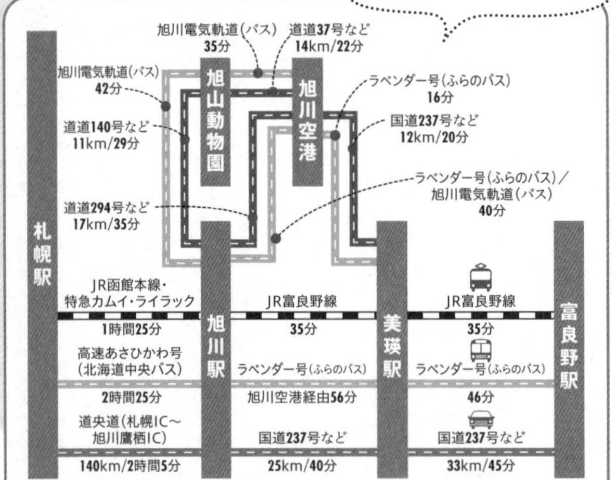

3
ふらの
富良野

・・・P116

北海道を代表する花、ラベンダーの畑が有名。ほかにドラマ『北の国から』のロケ地としても知られ、多くのファンが訪れる。

2

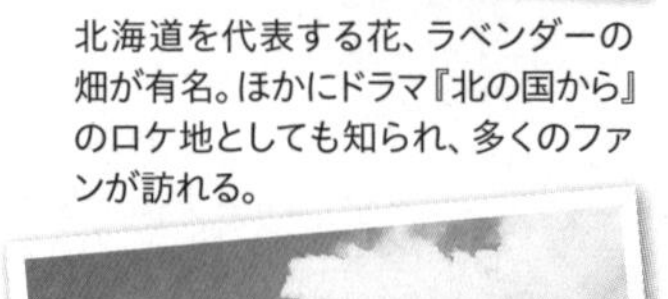
1

1 ラベンダー畑が広がるファーム富田 2『北の国から』で五郎が住んでいた石の家

1 旭川市旭山動物園《あさひかわしあさひやまどうぶつえん》

・・・P122

ユニークな展示方法で話題となり、動物の生態を楽しめる人気の動物園。このエリアの必見スポットNo.1！

▲水中トンネルでは
ペンギンが泳ぐ姿を観察

2 美瑛《びえい》

・・・P114

緩やかな丘に野菜や穀物の畑がどこまでも続く、雄大な風景が魅力。作物によって畑の色合いが異なり、パッチワークのような美しさ。

▲5～10月まで美しい花
畑が見られる四季彩の丘

▲畑には親子の木など
撮影スポットが点在

便利なバス

**ふらのバス
ラベンダー号**

富良野市内のホテルからJR富良野駅、旭川空港を経由しJR旭川駅まで行く路線。料金は富良野駅前から旭川空港790円、旭川駅前900円など。問合せふらのバスターミナル(駅前案内所)☎0167-22-1911

バスは中富良野町や美瑛町なども経由。観光地を車窓から眺めて楽しい利用を

旭山動物園・美瑛・富良野 レンタカーでめぐる1泊2日コース

人気の動物園から北海道らしい大自然を満喫できるプラン。旭川ラーメンなど、ご当地料理やドラマのロケ地見学も楽しみ。

1日目

START

7:55 **札幌駅**
　151km/2時間5分
旭川
10:00 **旭川市旭山動物園** ・・・P122
　10km/15分
13:30 **旭川らぅめん青葉本店** ・・・P128
　24km/40分
美瑛
15:00 **パッチワークの路** ・・・P114
・ケンとメリーの木
・セブンスターの木
・親子の木
　16km/25分
17:00 **オーベルジュてふてふ** ・・・P130

2日目

8:50 **オーベルジュてふてふ**
　4.5km/10分
9:00 **パノラマロード** ・・・P115
・四季彩の丘など
　19km/30分
富良野
10:15 **ファーム富田** ・・・P116
　10km/15分
11:45 **唯我独尊** ・・・P121
　6km/10分
12:40 **新富良野プリンスホテル** ・・・P117・130
・風のガーデン
・富良野・ドラマ館
・珈琲 森の時計
　22km/35分
14:30 **麓郷** ・・・P117
・五郎の石の家など
　160km/3時間20分
19:00 **レンタカー会社**
　送迎バス10分
19:30 **新千歳空港**

GOAL

お花畑とロケ地をめぐる 美瑛～富良野ドライブ

1泊2日

北海道らしい雄大な景色が広がり、CMやドラマのロケ地によく登場するエリア。7～8月は特に花畑が美しく、感動的な風景に出合えます。

❶広大な丘の上にポツンと立つセブンスターの木 ❷花の帯が丘を彩る、ぜるぶの丘・亜斗夢の丘 ❸ケンとメリーの木は樹高約31mもあるポプラの木 ❹丘の麓やパッチワークの路から見られる親子の木

美瑛らしい丘風景も必見

セブンスターの木《せぶんすたーのき》 ❶

昭和51年（1976）にタバコのセブンスターのパッケージに採用されたカシワの木。色とりどりの畑が続く広大な丘の上にポツンと1本だけ立つ姿が、いかにも北海道らしい、のんびりとした気持ちにさせてくれる。

☎0166-92-4378（美瑛町観光協会）住美瑛町北瑛 ¥🕒休見学自由 交JR美瑛駅から車で8分 P30台 MAP付録P15A1

美瑛を代表する観光花畑

ぜるぶの丘《ぜるぶのおか》 ❷

ケンとメリーの木を見晴らす丘に広がる花畑。花の見ごろは5～10月で、約4万㎡の広大な敷地にラベンダーやヒマワリなど色とりどりの花畑が同心円状に広がる。敷地内にはレストランやショップなどもある。

☎0166-92-3160 住美瑛町大三 ¥入園無料 🕒8時30分～17時 休4月中旬～10月中旬営業、期間中無休 交JR美瑛駅から車で3分 P120台 MAP付録P15B1

丘めぐりの定番スポット

ケンとメリーの木《けんとめりーのき》 ❸

昭和47年（1972）に日産自動車「愛のスカイライン・ケンとメリー」のCMで登場した木。以来、ケンとメリーの木と呼ばれている。近くで見るより、少し離れたところから見るのがおすすめ。畑の中には立ち入らないこと。

☎0166-92-4378（美瑛町観光協会）住美瑛町大久保協生 ¥🕒休見学自由 交JR美瑛駅から車で4分 P30台 MAP付録P15B1

丘上に寄り添う3本の木

親子の木《おやこのき》 ❹

大きな2本の木と間にはさまれた小さな木が、まるで親子のように見えることから名付けられた。大きな木は樹齢約90年、小さな木は樹齢約60年のカシワの木。畑の中にあるので決して入らず、道路から観賞しよう。

☎0166-92-4378（美瑛町観光協会）住美瑛町夕張 ¥🕒休見学自由 交JR美瑛駅から車で7分 Pなし MAP付録P15A1

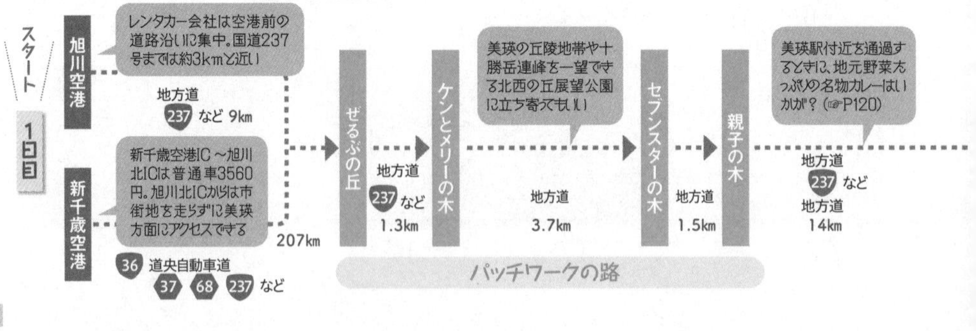

眺望抜群！美瑛のパノラマロードを快走

5

6

7

8

❺5～10月にかけて数十種類の花が咲く四季彩の丘 ❻美瑛の風景を世に広めた前田真三氏の写真館、拓真館 ❼美瑛と十勝岳連峰一望の千代田の丘見晴らし台 ❽季節を問わず幻想的神秘の池、白金青い池

景色と花、アルパカが楽しみ

四季彩の丘《しきさいのおか》 ❺

美瑛屈指の規模の観光花畑。花々だけでなく、十勝岳連峰を望む雄大な風景も魅力。敷地内にはアルパカ牧場もある。冬はモービルランドになる。

☎0166-95-2758 住美瑛町新星第3 ¥7～9月は入園有料(500円) ◷8時40分～17時40分(季節により変動あり) 休無休 交JR美馬牛駅から車で5分 P300台 MAP付録P15B4

四季折々の美瑛を紹介

拓真館《たくしんかん》 ❻

風景写真家の前田真三氏から孫までの3代にわたる作品が並ぶ写真ギャラリー。美瑛の美しい風景をおさめた素敵な作品に出合える。

☎0166-92-3355 住美瑛町拓進 ¥入館無料 ◷9～17時(4月・11～1月は10～16時) 休期間中無休(最終入館は閉館15分前) 交JR美馬牛駅から車で7分 P80台 MAP付録P15C4

映画の撮影にも使われた絶景

千代田の丘見晴らし台《ちよだのおかみはらしだい》 ❼

田園風景や十勝岳連峰を一望できるビュースポット。360度で広がる大パノラマは美瑛で一番ともいわれる。丘の上の見晴らし台には展望塔が立つ。

☎0166-92-1718(問合せは11～20時) 住美瑛町水沢春日台第一 ¥◷休入園自由 交JR美瑛駅から車で10分 P40台 MAP付録P15C3

青い絶景スポット

白金青い池《しろがねあおいいけ》 ❽

十勝岳の泥流対策工事で偶然できた池が、今では美瑛町を代表する観光の名所に。白ひげの滝から流れるアルミニウムを含んだ地下水が、美瑛川の水と混ざることにより、美しい青色に包まれた池となった。

☎0166-94-3355(道の駅びえい「白金ビルケ」) 住美瑛町白金 ¥◷休見学自由 交JR美瑛駅から車で25分 MAP付録P14C3

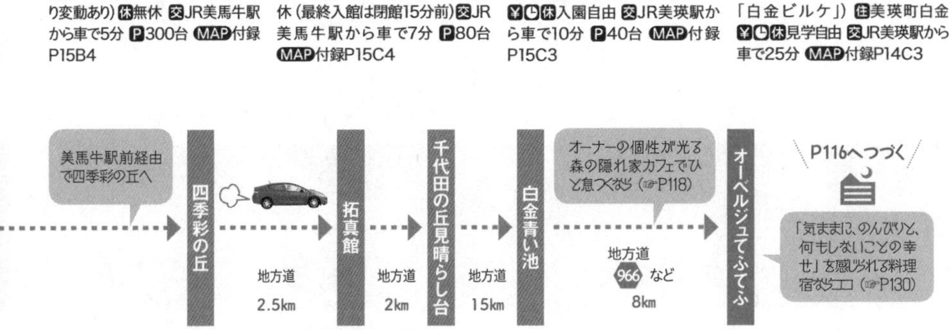

丘に転がる大きなロールは麦の穂を刈り取った後の藁で作った麦稈(ばっかん)ロールといって、牛の寝床などに使われます。

ファーム富田内で初めてラベンダーを育てたトラディショナルラベンダー畑

富良野を代表するファーム富田のラベンダー畑

ラベンダー畑といったらココ

ファーム富田《ふぁーむとみた》

年間約100万人が訪れる富良野を代表するラベンダー園。敷地内には、7月中～下旬に見頃を迎える約5万㎡のラベンダー畑のほか、オイルや香水の製造過程が見学できる「香水の舎」も。ラベンダーを使用したスイーツが食べられるレストランやショップも人気。

☎0167-39-3939 住中富良野町基線北15号 ¥入園無料 ⏰各施設は8時30分～18時（施設、季節により変動あり）休無休（施設により変動あり）交JR中富良野駅から車で5分 P500台 MAP付録P14B3

◀レインボーのようにカラフルな花が咲く、彩りの畑

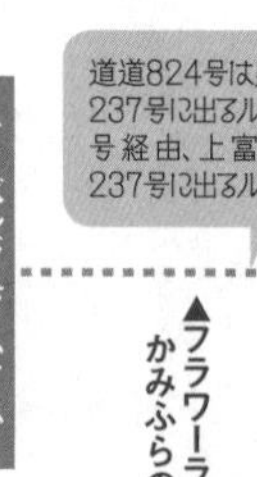

❶天然ラベンダーエキス入りのラベンダーソフト350円も ❷春の彩りの畑はラベンダー時期前の6月上旬が見ごろ ❸ラベンダーの香り袋、ラベンダーサシエ440円 ❹香りがさわやかなラベンダーカルピス260円

ほかにもラベンダー畑がいっぱい！

トラクターバスから見学

フラワーランドかみふらの《ふらわーらんどかみふらの》

約15万㎡の国内最大級の花畑。6～9月は遊覧トラクターバス600円も運行。☎0167-45-9480 MAP付録P14B3

リフトに乗って眺めよう！

北星山ラベンダー園《ほくせいやまらべんだーえん》

リフト往復400円に乗って、頂上から中富良野の田園風景を眺めよう。☎0167-39-3033（なかふらの観光協会）MAP付録P14B4

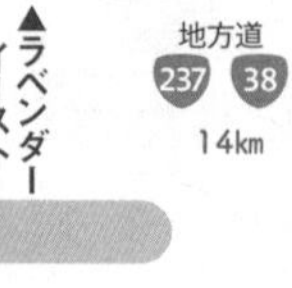

2023年 園内に足湯がオープン

ラベンダーイースト《らべんだーいーすと》

ラベンダーオイルやドライフラワー生産のための畑だが、7月のみ一般に開放。☎0167-39-3939（ファーム富田）MAP付録P14B4

P115からつづき

2日目

オーベルジュてふてふ

道道824号は美馬牛で国道237号に出るルート。道道353号経由、上富良野で国道237号に出るルートもある

824 237 など 27km

ファーム富田

地方道 237 38 など 14km

ラベンダー畑：◀フラワーランドかみふらの ◀北星山ラベンダー園 ◀ラベンダーイースト

富良野駅付近を通過するときには、地元の食材にこだわった名物カレーを！（☞P121）

❶記念撮影にピッタリのロケーションの「五郎の石の家」❷花々が美しい英国式庭園の風のガーデン ❸ダルマ薪ストーブを設置し、懐かしい雰囲気に演出された富良野・ドラマ館 ❹ドラマに登場したピアノがある、風のガーデンのグリーンハウス

❺ドラマで使われたカウンター席が人気の珈琲 森の時計

❻ケーキにコーヒーが付くケーキセット1460円

❼『風のガーデン』のオリジナルルイのエプロン3800円はドラマ館で

❽『優しい時間』の拓郎のマグカップ(大)6600円も販売

緒方拳の遺作となった舞台

風のガーデン《かぜのがーでん》 ❷❹

2008年放映の、同名ドラマのロケのために2年がかりで作られた、英国式ガーデン。

☎0167-22-1111(新富良野プリンスホテル) 住富良野市中御料 ¥入園1000円 ⏰4月下旬～10月上旬の8時～最終受付16時30分(季節により変動あり) 休期間中無休 交JR富良野駅から車で10分、風のガーデン受付から送迎車で3分 P390台 MAP付録P14B4

『優しい時間』でお馴染みの店

珈琲 森の時計《こーひー もりのとけい》 ❺❻

脚本家・倉本聰氏のTVドラマ『優しい時間』で主人公が開いた喫茶店を、撮影後もそのままのスタイルで営業。ドラマ同様、カウンター席では自分でコーヒー豆を挽く。

☎0167-22-1111(新富良野プリンスホテル) 住富良野市中御料 ⏰12～19時LO 休11月にメンテナンス休あり 交JR富良野駅から車で10分、新富良野プリンスホテルから徒歩5分 P390台 MAP付録P14B4

オリジナルグッズが多数

富良野・ドラマ館《ふらの・どらまかん》 ❸❼❽

富良野を舞台とした脚本家・倉本聰氏のTVドラマ3部作の、オリジナル商品が揃うショップ。

☎0167-22-1111(新富良野プリンスホテル) 住富良野市中御料 ¥入館無料 ⏰9時15分～18時45分(7・8月は～20時30分) 休季節により不定休 交JR富良野駅から車で10分、新富良野プリンスホテル敷地内 P390台 MAP付録P14B4

麓郷を代表する観光スポット

五郎の石の家《ごろうのいしのいえ》 ❶

『北の国から'95 秘密』から最終話まで、黒板五郎が住んだ家。異国情緒の外観だが、畑から大量に出た石を使ったエコな造り。

☎0167-23-3388(ふらの観光協会) 住富良野市東麓郷3 ¥入場500円、小学生以下300円 ⏰9時30分～18時(10月～は16時まで) 休無休(11月上旬～4月下旬、積雪期休業) 交JR富良野駅から車で30分 P100台 MAP付録P14C4

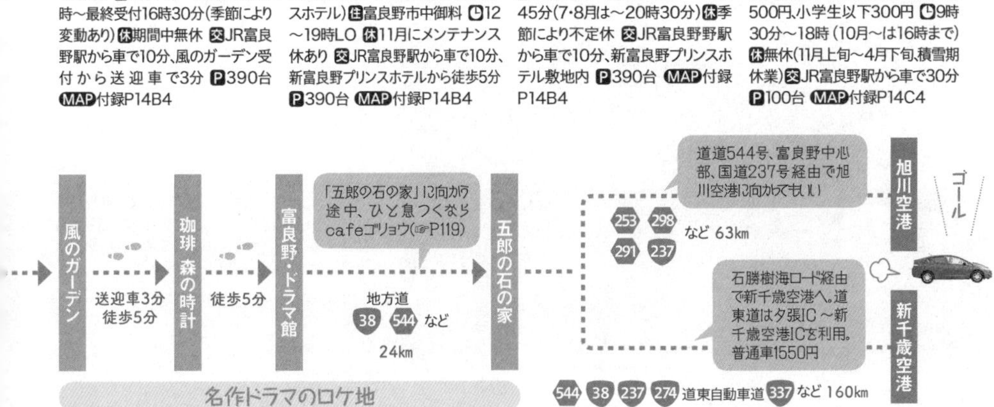

ドライブ途中に立ち寄りたい ランチやスイーツが楽しめる森カフェ

美瑛や富良野には、森や丘など自然の中にたたずむ隠れ家カフェが点在しています。ゆったり時が流れる店内で、のんびりとくつろぎタイムを過ごしましょう。

美瑛

フェルム《ふぇるむ》 ラ・テール《ら・てーる》 美瑛《びえい》

美瑛の魅力を詰め込んだ新スポット

映画『愛を積むひと』のロケ地に誕生したファームフードガーデン。地元素材にこだわる食事やスイーツに人気がある。

☎0166-74-4417 住美瑛町大村村山 ◷ショップ10〜17時、レストランはランチ11〜15時（14時30分LO）、ディナー17〜20時（19時30分LO、予約制）※レストラン利用は要問合せ 休不定休（要問合せ）交JR美瑛駅から車で10分※冬期は食事要予約。営業時間短縮や不定休あり、要確認 P36台 MAP付録P15B2

ランチのおすすめ

北海道牛ホホ肉と椎茸のリゾット 2640円
美瑛町産ゆめぴりかのサフランリゾット
デイリーフィッシュ&美瑛産季節のお野菜 2860円

リゾットのメニューにはスープ、サラダ、ドリンクがセット。※季節により異なる。価格変更の場合あり

▲テラスからは丘の美風景やロケ地跡を見渡すことができる ◀周囲の緑や青空に映える外観。ショップでパンやケーキを販売

▲周囲の緑と調和するレストラン棟。目の前には小麦畑が広がる
◀店内の薪窯で焼いたパンが20種類前後揃う。パンのみの購入も可能

美瑛

Restaurant《れすとらん》 bi.blé《びぶれ》

パン工房を併設したオーベルジュ

旧北瑛小学校跡地を利用したオーベルジュで、ランチとディナーはレストランのみの利用も可。美瑛産のものを中心に、野菜をたっぷり使用したフレンチが味わえる。店内の窯で焼き上げるパンには、美瑛産小麦を使うことも。☎0166-92-8100 住美瑛町北瑛第2 北瑛小麦の丘内 ◷11時〜14時30分LO、17時30分〜19時30分LO、パンの販売は10〜18時（冬期は11時〜なくなり次第終了）休火曜、不定休（要確認、11〜3月は休業）交JR美瑛駅から車で10分 P20台 MAP付録P15B1

ランチのおすすめ

ランチコース 3000円〜

季節替わりの前菜、フライ、肉料理、野菜、デザートからなるコース。

辺りの緑に映える欧風レストラン

林の中に立つ、煮込み料理がイチオシの「ブラン・ルージュ」。地元食材をメインに使用し、手間を惜しまず腕を振るう店主の欧風料理は絶品。なかでも、コクのあるソースでコトコト煮込むビーフシチューには定評がある。
☎0166-92-5820 MAP付録P15B1

美瑛

LIKKA LOKKA《りっか ろっか》

温もり満ちる森の中の小さなパン店

美瑛産小麦を使用し、天然酵母と塩、てんさい糖のシンプルな素材で作りあげた「からだに優しいパン」を販売。ベーグル、あんぱんなど種類も多い。カフェスペースではオーガニックドリンクとともに楽しめる。

☎0166-73-4865 住美瑛町美馬牛南1-5-50 ◷13～16時 休日・月・火曜(12～5月は冬期休業) 交JR美馬牛駅から徒歩2分 P5台 MAP付録P15B4

カフェのおすすめ

胡麻とクリームチーズと伊予柑ピール 260円
ベーグルや美瑛産小豆と牛乳を使ったあんぱんなどが人気。

▲森の小道を抜けるとたどり着く、パンのおいしいカフェ

富良野

cafeゴリョウ《かふぇごりょう》

築80年の納屋にひと目惚れ！

古い納屋を改装したカフェ。自家栽培のものを中心に、道産野菜をたっぷり使った料理を提供。ランチの日替わりごはん1300円が人気。

☎0167-23-5139 住富良野市上御料 ◷11時30分～17時30分LO 休火曜 交JR富良野駅から車で10分 P8台 MAP付録P14B4

ランチのおすすめ

ゴリョウサンド 1300円
道産小麦を用いた自家製チャバタに季節の素材をサンド。

美瑛

あるうのぱいん《あるうのぱいん》

美瑛の丘を眺めつつ楽しいランチ

自家製パンが評判のベーカリーカフェ。美瑛産小麦&天然酵母のパン約7種が店頭に並び、そのパンを用いたメニューが味わえる。

☎0166-92-3229 住美瑛町大村村山 交JR美瑛駅から車で8分 ◷4月下旬～10月末の11～16時LO(パンがなくなり次第終了) 休期間中は木・金曜 P10台 MAP付録P15B2

カフェのおすすめ

チーズフォンデュセット 1600円(ドリンク付)
器はくりぬいたパン。温野菜やソーセージも付き大満足のひと品。

美瑛・富良野は1年を通して人気ある観光エリア。多くの人や車が行き交うため、マナーを守って安全に楽しみましょう。

美瑛&富良野で楽しむ注目のご当地メニューがコチラ

一大野菜産地の美瑛・富良野は、特にタマネギやジャガイモ、ニンジンが豊富。地元新鮮野菜を使った名物カレーをはじめ、人気急上昇のご当地グルメを紹介しましょう

美瑛カレーうどん 930円
街おこしのために開発されたメニュー。麺によく絡むルウはやや辛口タイプ。

美瑛

道の駅びえい「丘のくら」《みちのえきびえい「おかのくら」》香麦食堂《こうむぎしょくどう》

道の駅内のレストラン。大正初期に建てられた石造りの倉庫を改装し、使用しているため風情たっぷり。地元食材を用いたびえいくらカツ定食1100円や丘のカレーライス880円など、ご当地グルメを存分に味わえる。

☎0166-92-0920 住美瑛町本町1-9-21 ⏰11時～14時30分LO 休無休(年末年始除く) 交JR美瑛駅から徒歩3分 P44台 MAP P120B2

石造りの店内にはみやげ品も充実

美瑛

ファミリーレストランだいまる《ふぁみりーれすとらんだいまる》

名前の通り、ファミリーで立ち寄れるアットホームな雰囲気がいい。どのメニューもできるかぎり地元産の米や肉、野菜を使用し、地産地消にこだわっている。

☎0166-92-3114 住美瑛町中町1-7-2 ⏰11～15時 休水曜、第2・4木曜 交JR美瑛駅から徒歩5分 P15台 MAP P120B1

美瑛カレーうどん 980円
豚肉やタマネギのうま味たっぷりのルウは牛乳を加えてまろやかに。

野菜は生産者に敬意を表し、シェフ自らが選りすぐって供される

富良野の「食」を楽しむ施設

「フラノマルシェ」は地元の美味を通して富良野の魅力を発信する施設。隣接する「マルシェ2」と合わせ、全18店舗でショッピング&グルメが選び放題。

☎0167-22-1001 MAP P121A2

北海道の食材、素材の魅力を100%生かすメニューを提供

ル・ゴロワ サラダ
季節により価格は変動

北海道の旬野菜や新鮮な食材をひと皿に盛り合わせた名物料理※季節により提供

富良野

ル・ゴロワ フラノ《る・ごろわ ふらの》

脚本家・倉本聰氏が監修するイタリアンレストラン。東京で北海道食材にこだわったレストランとして名を馳せた「ル・ゴロワ」のシェフ大塚氏が富良野に移転し、オープンさせた。ランチ・ディナーとも予約制。

☎0167-22-1123(予約・問合せ専用) 住富良野市中御料(新富良野プリンスホテル敷地内) 🕒12時～13時30分LO、17時30分～19時30分LO 休月・火曜(11月は不定休) 交JR富良野駅から車で10分 P390台 MAP付録P14B4

周囲の自然に映える白壁のレストラン

富良野

くまげら《くまげら》

倉本聰氏原作・脚本のテレビドラマ『北の国から』に複数登場している老舗人気店。ふらの和牛やエゾシカなど、地元食材をふんだんに取り入れた創作料理を味わえる。

☎0167-39-2345 住富良野市日の出町3-22 🕒11時30分～22時LO 休水曜 交JR富良野駅から徒歩3分 P40台 MAP P121B1

富良野の素材を創作料理で味わえる

山ぞく鍋一人前1900円

ひとつの鍋で、地元産鹿肉と鴨肉両方を賞味できる、名物メニューの人気鍋がこちら。

富良野

唯我独尊《ゆいがどくそん》

富良野を代表する老舗カレー店。主人が研究を重ねて作りあげたカレーはクセになる味わいで、リピーターも多い。観光シーズンには長い行列ができることも。趣ある店内にはブルースなどのBGMが流れる。

☎0167-23-4784 住富良野市日の出町11-8 🕒11時～20時30分LO 休月曜(祝日の場合は翌日) 交JR富良野駅から徒歩5分 P16台 MAP P121A1

自家製ソーセージ付きカレー
1290円

自家製ソーセージは肉汁たっぷりでカレーとの相性◎。付け合わせの野菜も地元産。

辛さがじわじわくるスパイシーなルウ

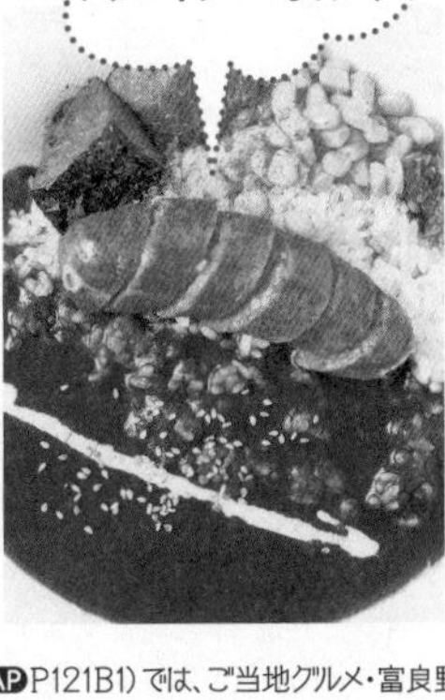

富良野・美瑛広域観光センター(MAP P121B1)では、ご当地グルメ・富良野オムカレーを提供する店がわかるマップを配付しています。

北海道へ来たならぜひ訪れたい旭山動物園をご案内します

見学所要 3時間

「一度は行ってみたい動物園」、それが日本最北の旭川市旭山動物園です。間近で動物が観察でき、もぐもぐタイムなど人気イベントも見逃せません。

楽しむ keyword ①
行動展示
野生の能力を引き出す行動展示は、ガラス張りの水中トンネルなど盛りだくさんの趣向。

楽しむ keyword ②
共生展示
野生では共存している動物を一緒に、または捕食関係の動物を隣同士に展示している。

楽しむ keyword ③
もぐもぐタイム
活発な動きや旺盛な食欲に感心しながら、飼育スタッフの解説を聞く。所要10～20分。

旭川市旭山動物園《あさひかわしあさひやまどうぶつえん》

行動展示で一躍有名に 年間約140万人が訪れる

空を飛ぶように泳ぐペンギン、豪快にダイブするホッキョクグマ、円柱水槽を上昇・下降するアザラシなど、野生動物本来の生態や能力を目前で観察できる日本屈指の動物園。それほど広くない園内は3時間あれば回れるが、イベントやじっくり動物観察を楽しむならプラス1～2時間は必要。GW前に3週間、11月に1週間ほど長期休園があるので要注意！

旭川市旭山動物園DATA

☎0166-36-1104 住旭川市東旭川町倉沼 ¥入園1000円 ⏰夏期開園（4月29日～11月3日）9時30分～最終入園16時（8月中旬開催予定の夜の動物園期間は最終入園～20時）、冬期開園（11月11日～2024年4月7日）10時30分～最終入園15時※2024年4月8日以降は要問合せ 休開園期間中は無休 P動物園無料駐車場500台ほか MAP付録P14B1

●JR旭川駅から
バス：旭川電気軌道バス旭山動物園行きで40分、旭山動物園下車すぐ
クルマ：一般道、国道39号、道道140号経由で11km

●旭川空港から
バス：旭川電気軌道バス旭山動物園行きで35分、旭山動物園下車すぐ
クルマ：道道37・295号など経由で14km

高速バス＋お得なセット券を利用して旭山動物園にGO！

札幌から旭川間の高速バス往復に加え、旭川駅前から旭山動物園のシャトルバスが往復。うれしいのは旭山動物園の入園券がセットされている！こと。¥5200円、予約不要。●問合せ：中央バス札幌ターミナル☎0570-200-600

旭山動物園・美瑛 青い池・富良野1DAY ピクニック号で観光にGO！

楽しみな旭山動物園の見学（入園券付き）に、富良野・美瑛 青い池巡りがプラスされたお得な1DAYツアー！ ¥札幌発着6500円、要予約。

●問合せ：リゾートライナー予約センター☎011-219-4411

動物園に着いたらcheck!

入口は3カ所あります

正門・東門・西門があり、旭川駅からのバスは正門に着く。東門は駐車場数が充実。西門（駐車場1回500円）は人気のあざらし館などに近い。

もぐもぐタイムの時間を確認

入園の際、入口で時間を確認しよう。人気イベントなので30分前にはスタンバイしたい。

フラッシュは使用禁止

動物たちの目を刺激したり驚かせたりしないよう、フラッシュ撮影は厳禁！

旭山動物園 INFORMATION

夏期限定（8月中旬予定）

夜の動物園

閉園時間を21時まで延長。夜の動物たちの姿を観察できる絶好のチャンスだ。

今しか見られない!

赤ちゃん情報

この1年くらいで、何種類かの動物に赤ちゃんが生まれている。可愛い姿は必見だ。

通年／毎月2回程度（事前予約制）

三度のメシより旭山

飼育舎や野山などで行われる体験型イベント。定員が少人数のため申し込みは早めに。

2022年4月オープン

えぞひぐま館

北海道の木や渓流もある広々とした開放的な空間をエゾヒグマが歩く様子がみられる。

※事前予約制のイベントは実施の3週間前の午前9時から電話で要申込み。詳しくはHPで確認を

園内散策前におさえておきましょ

冬は見られない動物がいます

冬は氷点下20度近くまで下がるため、見られない動物やサル舎、とどりの村など、閉鎖する展示施設がある。

坂道に疲れたら無料の東門シャトルバス

東門には約100段の階段があり、東門から階段下の間を約15分間隔で巡回中。

上手にめぐる3時間コース

人気展示から注目展示まで欲ばりに楽しむコース。A～Cは混雑する場合もあるので時間に余裕をもって。

- Start 正門
- ▼ 徒歩5分
- A ぺんぎん館
- ▼ 徒歩1分
- B あざらし館
- ▼ 徒歩1分
- C ほっきょくぐま館
- ▼ 徒歩2分
- D きりん舎・かば館
- ▼ 徒歩3分
- E もうじゅう館
- ▼ 徒歩1分
- F レッサーパンダ舎
- ▼ 徒歩2分
- G オオカミの森
- ▼ 徒歩1分
- H エゾシカの森
- ▼ 徒歩3分
- I えぞひぐま館
- ▼ 徒歩1分
- J おらんうーたん館
- ▼ 徒歩2分
- K ちんぱんじー館
- ▼ 徒歩1分
- L くもざる・かぴばら館
- ▼ 徒歩5分
- Goal 東門

スイスイ泳ぐ姿に感動します 絶対見たい4展示施設

ペンギン、アザラシ、ホッキョクグマにレッサーパンダをあらゆる角度から観察。野生に近い環境下で自由自在、華麗に動きまわる姿は圧巻です。

※MAPⒶ～ⒹはP123参照

ぺんぎん館

MAP A

キング、ジェンツー、フンボルト、イワトビの4種類のペンギンを飼育する。必見の水中トンネルをはじめ、積雪期は、雪の上を集団で歩く「ペンギンの散歩」が行われる。

●正門から徒歩5分

①水中トンネル
“空を飛ぶペンギンのようだ”と絶賛され、高速で泳ぎ回る姿を360度見渡せる。

②屋外放飼場
ちょこちょこ歩き回る姿や、水から飛び出す俊敏な動きを観察しよう。

③屋内放飼場
ここでは、種類によって異なる巣作りの様子などを見学できる。

ほっきょくぐま館

MAP C

白く見える毛をなびかせながら水中へ飛び込む姿は迫力満点！ 大水槽では水中シーンを、堀を利用した檻のない放飼場ではシールズアイから地上の行動を観察してみよう。

●正門から徒歩7分

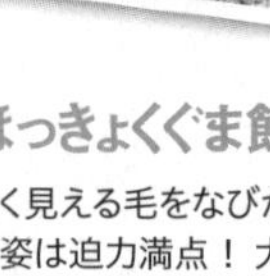

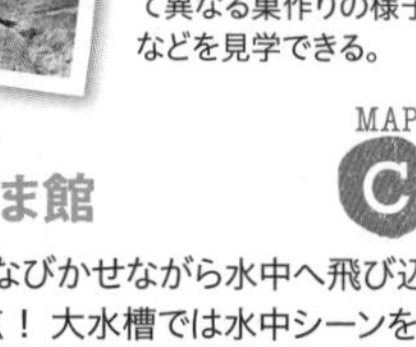

捕食関係のアザラシ（シール）の視界を体感できるドーム状の窓。

◀もぐもぐタイム。1日1回予定、大水槽で実施。体をくねらせながら水中でバクリ。

あざらし館

MAP B

北海道近海に生息するゴマフアザラシにも注目！　大水槽のほか、北海道の漁港をイメージした屋外放飼場では、保護されたオオセグロカモメやオジロワシを共生展示している。

●正門から徒歩6分

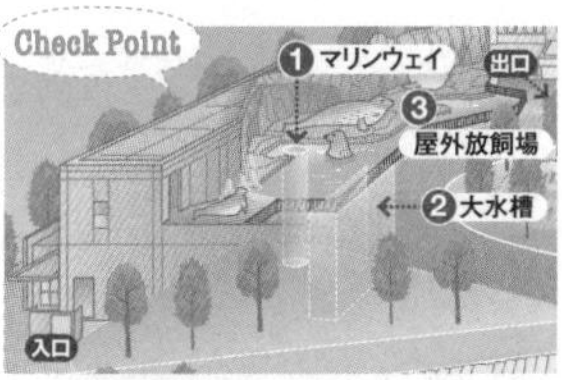

①マリンウェイ（円柱水槽）
大水槽と繋がっている高さ約3m、直径約1.5mの名物水槽。

②大水槽
幻想的な水中シーンが楽しめる凹面ウインドーものぞいてみよう。

③屋外放飼場
配した漁船を避けながら、お腹を上手に滑らせて移動。

レッサーパンダ舎

MAP F

吊り橋側では樹上生活者であるレッサーパンダの能力を観察でき、出窓タイプの場所ではエサを食べている姿や寝ている姿などを間近で観察できる。

●正門から徒歩8分

◀もぐもぐタイムではレッサーパンダは気性が激しく、大人どうしでは一緒には暮らせない、などの興味深い話が聞ける

▶「蓮蓮（レンレン）」は2020年生まれの双子のお兄ちゃん

▲高さ3.5m、長さ13mの吊り橋で過ごしていることが多く、見上げるとレッサーパンダが毛づくろいしたり、歩いたりしている

時間帯は不定ですが、飼育展示スタッフの解説「なるほどガイド」も毎日実施。「もぐもぐタイム」と一緒にスケジュールを確認しましょう。

まだまだいろいろ大集合！アイデアいっぱいの展示施設へ

4つの展示施設のほかにも、園内には注目スポットがたくさん。
のびのびと生活する動物たちの無邪気な仕草を観察してみましょう。

えぞひぐま館

MAP I

奥行きたっぷりの屋外放飼場には、北海道在来の木が植えられ季節を感じながらエゾヒグマを観察できる。渓流もあり川魚が泳いでいる。

●正門から徒歩12分

◀棚に置いたエサを食べに来る様子を間近で見られるときもある

▲エゾヒグマの生活空間に入り込んだかのような展示を楽しめる

この行動展示に注目

ヒグマは嗅覚が優れているため、飼育スタッフが果物などを投げ入れると素早く食べに行く様子が見られる。

もうじゅう館

MAP E

ライオンやトラ、ヒョウ類など4種類の猛獣を展示。昼間は寝ている猛獣を、より近くで見学できる工夫がなされている。

●正門から徒歩7分

▶金網の上で眠るユキヒョウを間近に体感

◀トラの中で最も大きく、最も北に生息するアムールトラ

この行動展示に注目

ヒョウの金網

人の頭の上にせり出しており、迫力ある姿を真下から見上げられる。

▶手足の指を使ってスイスイ移動する姿に喝采

zoom UP

この行動展示に注目

空中遊技場

地上17m・長さ14mの鉄柱に巡らされたロープで綱渡り。

おらんうーたん館

MAP J

樹上で過ごす習性を活かした造りになっており、屋外放飼場から円形ジャングルジムの間を器用に空中散歩する姿が観察できる。また、檻やガラス窓のない館内でも活発に行動。●正門から徒歩15分　※冬期は屋内のみ

園内グルメ&おみやげ

園内では、北海道産の食材を使用したご当地メニューが充実。
来場記念のおみやげも、動物がモチーフの愛らしいオリジナルでいっぱいです。

人気みやげ

動物がモチーフのかわいいアイテムやお菓子がいっぱい。あべ弘士さんグッズにも注目!

動物クッキー
各200円 Ⓓ Ⓔ
動物の顔デザインのクッキー。
全14種（パン小屋では6種販売）。

トートバッグ
1260円 Ⓓ Ⓔ
お風呂バッグや
お弁当バッグに最適。
カピバラのほかアザラシのデザインも。

旭山動物園オリジナル
フェイスタオル 1650円 Ⓑ
ホッキョクグマ親子をデザインしたとってもキュートなタオル。

フラッフィーズ
マヌルネコ
1760円 Ⓓ Ⓔ
大人気、マヌルネコのぬいぐるみ。
ツンとした表情もポイント。

ダイブ シロクマ
S1375円　M2420円
L3520円 Ⓓ Ⓔ
豪快にダイビングする姿のぬいぐるみ。
豪快な姿とは裏腹にフワフワ。

お手玉 マヌルネコ・フクロウ・
シロフクロウ 各990円 Ⓐ Ⓒ Ⓓ Ⓔ
マヌルネコやフクロウが丸っこいお手玉に。

園内グルメ

グルメの充実度が高いのもうれしい。ラーメンやジンギスカンなど北海道グルメを園内で。

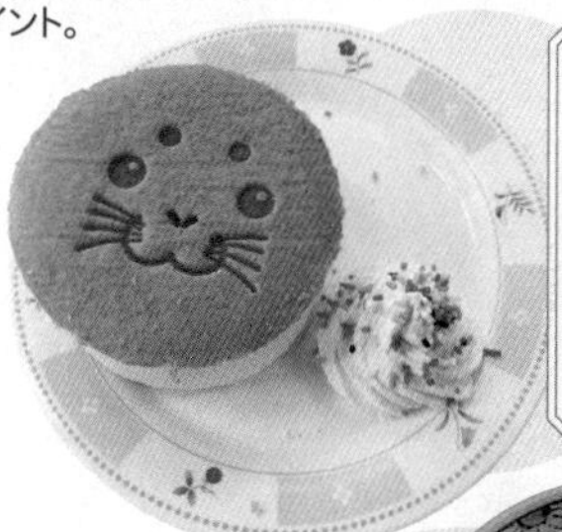

旭山あざらし
パンケーキ
450円 Ⓑ
アザラシの顔をデザインしたボリュームたっぷりのパンケーキ。

ジンギスカン
カレー 1500円 Ⓒ
名物ジンギスカンがたっぷりのったカレー。ジンギスカンラーメンも同料金。

チャーシュー麺
950円 Ⓐ
安定した完成度の高い1杯。特にこちらの旭川ラーメンはおすすめ。

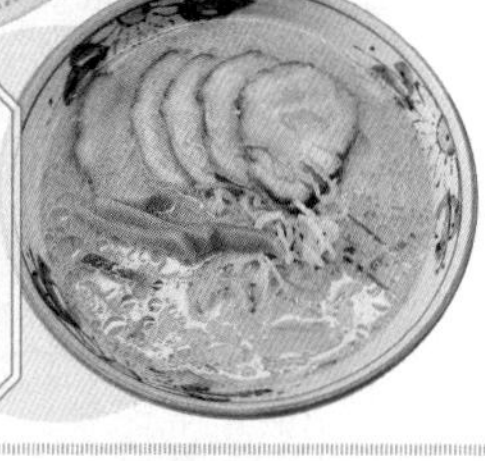

SHOP DATA ※下記ショップの営業時間と休みは旭山動物園に準じます。

Zooキッチン Co・Co・Lo Ⓐ

地元食材にこだわった大雪地ビール館でおなじみのメニューが並ぶ。
☎0166-74-7261
MAP P123中央
●正門からすぐ

旭山動物園中央売店&厚友会中央食堂 Ⓑ

手ごろな価格のグッズが揃うショップ&ラーメンが人気の食堂。
☎0166-36-4190
MAP P123中央
●正門から徒歩5分

旭山動物園東門レストラン カムイチカプ Ⓒ

生ビールや、おつまみもあるファミリーレストラン。東門に位置。
☎0166-36-7888
MAP P123右上
●東門からすぐ

旭山動物園くらぶ いこいの広場SHOP &パン小屋 Ⓓ

“エゾ鹿肉のジンギスカン丼”&園内唯一のパン屋
☎0166-36-5181
MAP P123右上
●正門から徒歩3分

旭山動物園くらぶ こもれびの丘SHOP ASAHIYAMA Zoo Club Gallery Ⓔ

あべ弘士さんのグッズが多彩に揃う。作品のギャラリーも併設。
☎0166-36-5171 MAP P123中上 ●東門から徒歩3分

冬期は、オランウータン、チンパンジー、クモザル、カピバラ、シロテテナガザルは室内展示になります。

北海道4大ラーメンの一つ
名物の旭川ラーメンはいかが

寒い風土に合わせた、こってり系の濃厚醤油スープが主流の旭川ラーメン。
老舗から個性派店まで多数揃っているので、ぜひ地元の味を堪能しましょう。

旭山動物園から車で15分

梅光軒《ばいこうけん》 本店《ほんてん》

北海道内だけでなく海外にも店舗を構える人気店。動物系と魚介系のWスープは、こってりしているのに完飲できてしまうほど後味があっさり。通常よりも縮れが強い中細縮れ麺との相性も抜群。

☎0166-24-4575 住旭川市2条8丁目買物公園ピアザビル地下1階 ⏰11～15時LO、17時～20時30分LO 休月曜 交JR旭川駅から徒歩6分 P契約駐車場利用（1500円以上の飲食で1時間無料）MAP P129A1

醤油ラーメン 900円
自慢のモモ肉チャーシューに使った特製醤油ダレとWスープを合わせた奥深いコクが特徴。

旭川ラーメンって？

濃い味を好む旭川の人たちの味覚に合わせた醤油味で、冷めにくいように表面をラードが覆っているのが特徴。スープは豚骨に魚介系のダシを加えたもので、低加水の縮れ麺がよく合う。「旭川ラーメン」の名前が定着したのは戦後のこと。

旭山動物園から車で15分

旭川らぅめん青葉本店《あさひかわらぅめんあおばほんてん》

旭川の気候に合うスープを考案した初代が昭和22年（1947）に屋台から始めた店で、旭川ラーメンの草分け的存在。海の幸と陸の幸を使用したWスープに野菜を加えて煮だす特製スープは、創業以来変わらぬ味わい。

☎0166-23-2820 住旭川市2条8丁目緑橋ビル名店街1階 ⏰9時30分～17時※14～15時は仕込中 休水曜（祝日の場合は翌日）交JR旭川駅から徒歩6分 Pなし MAP P129A1

正油らぅめん 850円
大きなチャーシューはやわらかくてトロトロ。やや細めの自家製麺がスープとよく絡む。
※現在、海苔は休止中です

しょうゆラーメン 900円
仕上げに垂らす焦がしラードが香ばしく、スープが独特の味わいに。

旭山動物園から車で30分

蜂屋《はちや》 五条創業店《ごじょうそうぎょうてん》

昭和22年（1947）創業の老舗。スープは、旭川ラーメン定番の豚骨と魚介系のWスープで、魚介の香りがふわりと口の中に広がる。

☎0166-22-3343 住旭川市5条通7丁目右6号 🕒10時30分～19時50分LO 休木曜（要確認）交JR旭川駅から徒歩13分 P5台 MAP P129A1

旭川ラーメンの人気店が一堂に

青葉や梅光軒など、旭川ラーメンを代表する8店舗が集結する「あさひかわラーメン村」。各店にはハーフサイズもあるので食べ比べも。

☎0166-48-2153 MAP 付録P14B1

しょうゆら～めん 900円
こってり系に見えるWスープは、意外とさらりとした味わい。

旭山動物園から車で13分

らーめん三日月《らーめんみかづき》

地元のラーメン好きが通う店。ダシそのものの味が感じられる雑味のないWスープと、縮れが少なく、ややストレートな中太麺が絶妙。

☎0166-35-1510 住旭川市3条通22丁目1973西屋ビル1階 🕒11～15時、17～20時（スープがなくなり次第終了）休月曜（祝日の場合は翌日）交JR旭川駅から車で5分 P17台 MAP 付録P14B1

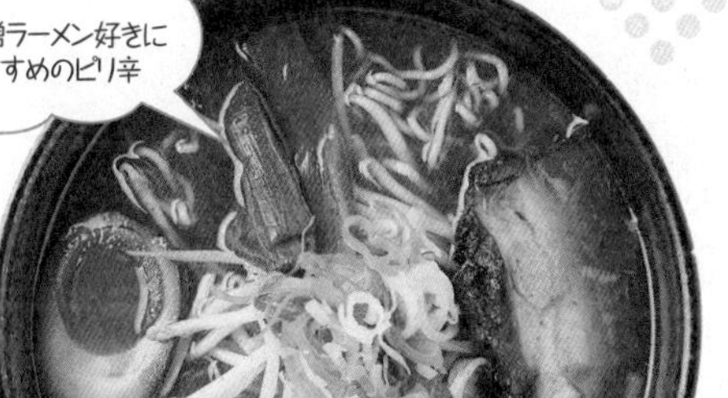

黒味噌 980円
生薬ビタミンを含み、自家製のとろけるチャーシューや煮卵も美味。

旭山動物園から車で15分

らーめん専科くさび《らーめんせんかくさび》

全国から取り寄せた味噌をブレンドした「黒」「赤」など4種類の味噌ラーメンが自慢。いずれも濃厚だが、すっきりとしたおいしさ。

☎0166-55-3121 住旭川市末広東3条6丁目3-9 🕒10～15時、17時～19時30分LO（水・木曜は夜営業なし）休月・火曜（祝日の場合は翌日）交JR旭川駅から車で20分 P7台 MAP 付録P14B1

北海道3大ラーメンとは旭川ラーメン、札幌ラーメン、函館ラーメン。これに釧路ラーメンを加え、北海道4大ラーメンといわれることも。

大自然に癒やされる個性的な宿でくつろぎのひとときを

美瑛や富良野には、広大な自然に包まれた穏やかな大人の宿はもちろん、ファミリーで楽しみたいリゾートホテルまで、さまざまな宿泊施設があります。

美瑛

オーベルジュてふてふ《おーべるじゅてふてふ》

美瑛の新鮮な野菜や旬の味覚を堪能できる夕食が目当てのリピーターが多い。宿泊は中学生以上限定で、静かな時間を過ごせる。露天風呂付きの貸切風呂もある。

☎0166-92-5137 住美瑛町美沢双葉 交JR美瑛駅から車で15分 送送迎あり(前日までに要予約) P10台 ●木造2階 全7室 ●2002年オープン ●風呂:貸切2 MAP付録P14C3

大人のための隠れ家宿 旬の食材を使う料理が魅力

自然あふれる美瑛の丘に4300㎡もの敷地が広がる

✣1泊2食付料金✣
平日・休前日とも
1万5180円～
✣時間✣
IN16時、OUT10時

オリジナル創作料理
道産の厳選食材を使い、和とフレンチの創作フルコースを。

富良野

新富良野プリンスホテル《しんふらのぷりんすほてる》

十勝岳連峰を望むリゾートホテル。温泉やショッピングなども楽しめる観光の拠点だ。敷地内の「富良野・ドラマ館」(☞P117)も人気。

☎0167-22-1111 住富良野市中御料 交JR富良野駅から車で10分 送送迎なし P390台 ●鉄筋12階 全407室 ●1988年オープン ●風呂:紫影の湯(内湯・露天風呂男女別各1) MAP付録P14B4

温泉やショッピングのほか 施設充実の大型リゾートホテル

敷地内にはテレビドラマのロケ地も多い

✣1泊朝食付料金✣
1万2778円～
(1室3名利用時)
✣時間✣
IN15時、OUT12時

和洋中ブッフェ
充実したブッフェメニューが楽しめる(写真はイメージ)。

富良野

フラノ寶亭留《ふらのほてる》

約3万5000坪の敷地には原生林や季節の花が咲く花畑が広がる自然豊かな環境。ディナーは薪木や炭火で焼いた肉を大皿に盛り、自身でシェアする。

☎011-598-2828 住富良野市学田三区 交JR富良野駅から車で10分 送送迎なし P40台 ●鉄筋3階 全27室 ●2006年オープン ●風呂:内湯3 露天1 MAP付録P14A4

十勝岳や花畑を眺め、贅沢にくつろぐ癒しの空間

花畑では6月下旬～7月中旬にラベンダーも楽しめる

✣1泊2食付料金✣
平日2万4200円
(季節により異なる)
✣時間✣
IN15時、OUT11時

ふらのフレンチ
自然の恵みをダイナミックに味わうスタイル(写真はイメージ)。

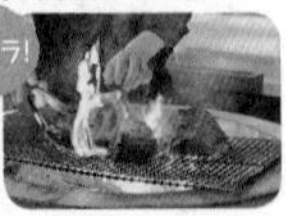

旅の基本情報をおさえましょう
トラベルインフォメーション

あこがれの北海道旅へ発つ前に知りたい空情報や、
空の玄関口・新千歳空港への交通案内、
空港を満喫するグルメ、外せないスイーツやおみやげなど、
旅の計画にお役立ちの情報をぎゅっとご紹介します。

グルメにエンタメ、ショッピング!! 新千歳空港を活用しましょう

まるで北海道のショールームのように、充実した施設が魅力の新千歳空港。ご当地グルメや有名菓子メーカーの店、エンタメ施設などみどころ満載です。

国内線ターミナルビルの2〜4階に注目です！

オアシス・パーク 4階

国内空港初の宿泊施設付き天然温泉「新千歳空港温泉」や、北海道の魅力も満載の「雪ミク スカイタウン」などで、フライトの待ち時間を快適に過ごせるフロア。ショップやカフェ、映画館も入る。

▶露天風呂が楽しめる天然温泉

グルメ・ワールド スマイル・ロード 3階

国内線3階にあるフードコートでは滑走路を眺めながら食事が楽しめる。国内線と国際線を結ぶ連絡施設「スマイル・ロード」にはエンタメ施設やスイーツ店がずらり。

▶424席もある開放的なフードコート

ショッピング・ワールド 2階

おみやげを探すなら、搭乗カウンターのある2階フロアへ。農・海産物が揃う「どさんこ産直市場」や道内の有名菓子メーカーのショップが集まる「スイーツ・アベニュー」など、多彩な店が並ぶ。

▶約80店舗が入る2階フロア

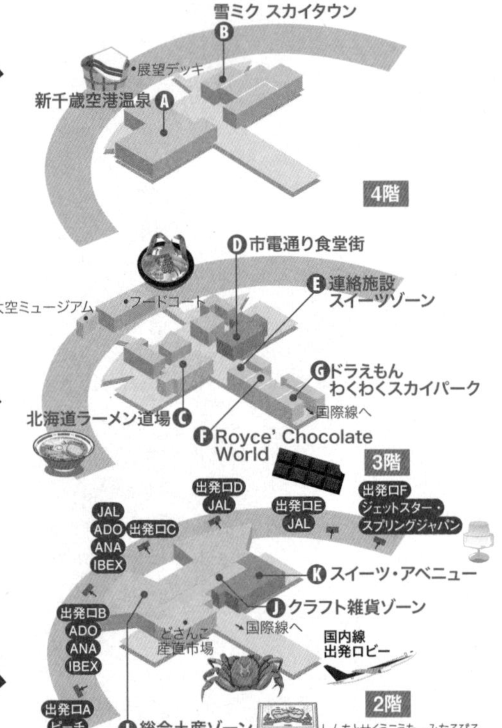

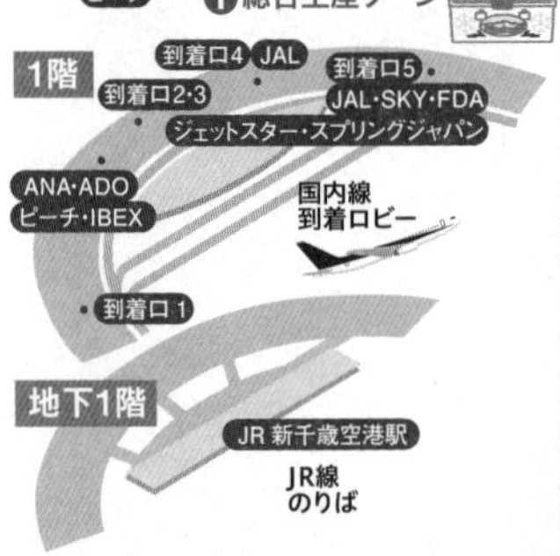

新千歳空港ターミナルビル《しんちとせくうこうたーみなるびる》

☎0123-23-0111 住千歳市美々 ⏰6時20分〜23時（施設により異なる） 休無休 交JR新千歳空港駅直結 P有料5227台 MAP付録P3C3

ここがイチオシ！空港活用術

Let's Enjoy

4階では
オアシス・パーク
のエンターテインメントを満喫!

✣天然温泉でリラックス　所要約2時間
新千歳空港温泉《しんちとせくうこうおんせん》 Ⓐ

天然温泉を利用した空港内温浴施設。源泉が注がれる内湯や露天風呂のほか、仮眠できるリラックスルームや、宿泊可能な客室も備える。和の情緒あふれる館内で疲れを癒やそう。

☎0123-46-4126 ¥入浴1800円（深夜1時以降は、深夜料金別途1700円）◷10時～翌9時

1 露天風呂からは夕日も見られる 2 入口に立つ赤い傘が目印

✣北海道と雪ミクの魅力満載　所要約30分
雪ミク《ゆきみく》 スカイタウン《すかいたうん》 Ⓑ

北海道応援キャラクター「雪ミク（初音ミク）」のショップ＆ミュージアム。限定アイテムを揃えたショップや等身大の雪ミクに会えるミュージアムもある。

☎0123-45-0039 ¥見学無料 ◷9～19時

1 併設のカフェスペースもある 2 イラスト・グッズを多数展示

© CFM piapro

3階では
スマイル・ロード
のみどころを回りましょ。

✣チョコレート工場を見学　所要約30分
Royce' Chocolate World《ろいず ちょこれーと わーるど》 Ⓕ

ガラス越しにチョコレートの製造工程を見られるファクトリーが目玉。オリジナル商品約100種が揃うショップやベーカリーもある。☎0570-030-612（変更の場合あり）¥入場無料 ◷8時30分～19時（ベーカリーは9～19時、ファクトリーは8時30分～17時30分（不定休）。時期により異なる）

チョコレートの歴史やコレクションを紹介するミュージアムも楽しい

✣いつ来ても楽しさ満点！　所要約1時間
ドラえもん《どらえもん》 わくわくスカイパーク《わくわくすかいぱーく》 Ⓖ

ドラえもんがテーマの体験施設。さまざまなアトラクションが楽しめるパークゾーン（有料）のほか、ショップやカフェも人気。

☎0123-46-3355 ¥入場800円 ◷10～18時（最終入場～17時30分。エリアにより異なる）

ドラえもんと会って「ひみつ道具」をテーマにしたプロジェクションマッピングを楽しもう♪

©Fujiko-Pro, Shogakukan, TV-Asahi, Shin-ei, and ADK

2階・3階では
北海道グルメやおみやげ探しを楽しもう♪

十勝名物の豚丼をいただきます!

詳しくはP135をCheck

定番の北海道みやげを探そう

詳しくはP136をCheck

2階では
ショッピング・ワールド
で空弁を買って搭乗口へ。

人気の高い海鮮弁当は鮭とカニがたっぷり

石狩鮨 1100円

Ⓘ 総合土産ゾーン
空弁道場《そらべんどうじょう》 装苑《そうえん》 SOEN

☎0123-46-5833
◷7時～20時30分

彩り豊かな7種が揃うひと口サイズのお寿司

北海手まり寿司 1080円

Ⓘ 総合土産ゾーン
実演空弁《じつえんそらべん》 北の味覚《きたのみかく》 すず花《すずはな》

☎0123-46-5939
◷7時～20時30分

ずわいガニのほぐし身と足がおいしい!

ずわい釜飯 1500円

Ⓘ 総合土産ゾーン
北の弁当工房《きたのべんとうこうぼう》 かな《かな》

☎0123-46-2036
◷7～20時

滑走路を望む4階「展望デッキ」からは、飛行機の離発着シーンを眺められます（悪天候時と12～3月の冬期は閉鎖）。入口は3階です。

3つの人気スポットで味わう 北海道グルメ

お腹がすいたら北海道各地の名物料理を食べに3階フロアへ行きましょう。ゆっくり過ごせるレストラン街とフードコートで、北のグルメを堪能して！

市《し》電《でん》通《どお》り食《しょく》堂《どう》街《がい》

回転寿司や海鮮丼といった海の幸が楽しめる店をはじめ、札幌名物のスープカレーや、網走のオーセンティックバーなどが揃う。

from札幌

チキンto野菜カレー 焙煎エビスープ仕立て
1880円

野菜たっぷりのスパイスが利いたスープ

スープカレー lavi《すーぷかれーらび》 新千歳空港《しんちとせくうこう》

札幌の人気店。北海道産の食材を使用したスープカレーは、トマトの酸味とシナモンの風味が特徴で味わい深い。
☎0123-21-8618 🕒10時30分～20時LO

函館の名物食堂で豪華な海鮮を堪能！

from函館

親子と他人の海珍丼
3080円（ミニ2780円）

味処《あじどころ》 きくよ食堂《きくよしょくどう》 新千歳空港店《しんちとせくうこうてん》

函館朝市で昭和31年（1956）に創業、地元でも評判の食堂。種類豊富な海鮮丼のほか、刺身や焼き物なども人気。
☎0123-21-9943 🕒11時～20時15分LO

北海道を代表する海の幸を贅沢に！

from釧路

雲丹・いくら・タラバ釜めし
3980円

北海釜めし《ほっかいかまめし》 海鮮銀しゃり《かいせんぎんしゃり》 ふく亭《ふくてい》

北海道の厳選食材を使用した、旨みたっぷりの釜めしを提供。約10分で炊きたての味が楽しめる。
☎0123-25-8222 🕒11時～19時30分LO

from函館

海宝こぼれ巻
748円

素材にこだわったハイレベルな回転寿司

函館《はこだて》 グルメ回転ずし《ぐるめかいてんずし》 函太郎《かんたろう》 新千歳空港店《しんちとせくうこうてん》

ネタは毎朝市場から仕入れる新鮮な魚介、米は北海道産のオリジナルブレンドを使用。合わせ酢も独自の配合で、こだわりのおいしさを追求。
☎0123-25-3310
🕒11時～20時15分LO

北海道《ほっかいどう》ラーメン道場《どうじょう》

北海道内で人気のラーメン店10店が軒を連ねる。各店からはスープやダシのよい香りが漂い、スタッフの威勢のよい声が響く。

from札幌

えびみそ
900円

エビの旨みと風味を凝縮したラーメン

えびそば 一幻《いちげん》 新千歳空港店《しんちとせくうこうてん》

特注のストレート麺によく絡むスープは、甘エビの頭を大量に煮込んで旨みを抽出。麺は太麺と細麺の2種から選べる。

☎0123-45-6755 🕒10時～20時30分LO

Wチャーシューで納得の満足感

from旭川

W豚チャーシュー麺
980円

空港限定

梅光軒《ばいこうけん》 新千歳空港店《しんちとせくうこうてん》

豚の肩ロースとバラのチャーシューがのった味噌ラーメン。麺は100%道産小麦を使用している。

☎0123-46-2126 🕒11時～20時30分LO

グルメ・ワールド

バラエティ豊かな北海道グルメ店が集まるエリアの総称。飛行機の運行に合わせ、早朝からや、夜遅くまで営業する店舗もある。

味付けジンギスカンで知られる人気店

松尾ジンギスカン《まつおじんぎすかん》 新千歳空港店《しんちとせくうこうてん》

野菜や果物、香辛料などをブレンドした秘伝のタレに漬け込み、羊肉の旨みを引き出す。ライス、味噌汁、サラダが付いたお得なセットもあり。

☎0123-46-5829
🕒10時～20時30分LO

from滝川

特上ラムジンギスカン（野菜付き）1830円

from十勝

炙りチーズ豚丼1705円

絡め焼きがおいしさの秘訣

ドライブインいとう《どらいぶいんいとう》 豚丼専門店《ぶたどんせんもんてん》「豚丼名人《ぶたどんめいじん》」

厚切りなのに柔らかい、北海道産の豚ロースを秘伝のタレで調理。さらに香ばしく炙ったチーズをのせた相性抜群の一品。

☎0123-46-4200 🕒11～19時(18時30分LO)

空港限定 見逃せないスイーツ

あなたも恋するクマゴロン
7個入り 1080円

しっとりふわふわミニドーナツ

siretoco《しれとこ》 sky sweets《すかい すいーつ》

☎0123-46-2109
🕒8～20時

北海道ハスカップとヨーグルトのパフェ
550円

さわやかで甘酸っぱいおいしさ

ミルク&パフェ《みるくあんどぱふぇ》 よつ葉《よつば》ホワイトコージ《ほわいとこーじ》 新千歳空港店《しんちとせくうこうてん》

☎0123-46-2188 🕒10～19時(土・日曜、祝日9時～19時30分)

フライト前に空港で満喫したい 北海道スイーツとおみやげ探し

フライト前にはおみやげをセレクト。
おみやげ選びに迷ったらコレを買えば間違いなしのアイテムをご紹介します。

定番人気&空港限定のスイーツをおみやげに

北海道産クリームがたっぷり

新商品

千秋庵の生ノースマン

4個入り 980円

オリジナルノースマンに北海道産の生乳から作られる生クリームをたっぷりと加え、リッチに進化させた生菓子。2ほか

新商品

「白い恋人」のチョコレートをアレンジ

ISHIYAのチョコレートタブレット

(白い恋人ホワイト、白い恋人ブラック)

各324円

白い恋人(ホワイト)、(ブラック)のチョコレートをアレンジした、口当たりなめらかな板チョコレート。1ほか

もりもとの北のちいさなケーキ ハスカップジュエリー

定番人気

6個入り 1780円

道産ハスカップを使用したジャムをバタークリームとクッキーでサンド。チョコで縁取られた昭和53年の発売から愛されているロングセラー商品。4

ハスカップジャムを使ったケーキのようなスイーツ

かつてないしっとり&濃厚食感にウットリ

濃厚チーズケーキ

2160円

道産クリームチーズを贅沢に使って、じっくり低温で蒸し焼きに。千歳ワイナリーのハスカップのお酒が隠し味。3

空港限定

全国で愛される濃厚レーズンサンド

定番人気

マルセイバターサンド

5個入り 730円

道産生乳100%のバターを合わせたラムレーズン入りクリームを、六花亭専用小麦粉使用のビスケットでサンドしたロングセラー商品。1ほか

国内線2階
I 総合土産ゾーン
ANA FESTA《えいえぬえー ふぇすた》千歳ロビー店《ちとせろびーてん》 1
☎0120-464-616
7時15分～20時30分

国内線2階
K スイーツ・アベニュー
千秋庵《せんしゅうあん》新千歳空港店《しんちとせくうこうてん》 2
☎0123-46-5892
9～19時

連絡施設3階
E スイーツゾーン
北海道牛乳カステラ《ほっかいどうぎゅうにゅうかすてら》 3
☎0123-46-2205
9～20時
(カフェは10～19時)

国内線2階
K スイーツ・アベニュー
もりもと《もりもと》新千歳空港店《しんちとせくうこうてん》 4
☎0123-46-4181
8～20時

国内線2階
K スイーツ・アベニュー
きのとや《きのとや》新千歳空港店《しんちとせくうこうてん》 5
☎0123-29-6161
9～20時

できたて！テイクアウトおやつ

香ばしいタルトにクリーミーなチーズムース

定番人気

きのとやの焼きたてチーズタルト

1個 220円

工房で作る焼きたてのおいしさ。空港限定のブルーベリーチーズタルト1個240円も人気 5

揚げたては格別のおいしさ！

空港限定

カルビープラスの揚げたてポテトチップスアスパラベーコン味

340円

アスパラとベーコンの甘みがマッチ！揚げたての風味はたまりません！ 6

ロイズベーカリー人気No.1

定番人気

ロイズの生チョコクロワッサン［オーレ］ 1個 270円

サクサクのクロワッサン生地の中に、ロイズの生チョコレート［オーレ］がたっぷり 7

保安検査場の通った先の限定スイーツ！

空港限定

函館洋菓子スナッフルスのレアチーズシュー

1個 270円

濃厚なクリームチーズと生クリームを合わせたクリームを、その場でシュー生地に入れてくれる 8

新千歳空港 おすすめソフトクリーム

北海道生乳を使用したさまざまなソフトクリームを販売。「濃厚」・「さっぱり」・「個性派フレーバー」をぜひ食べ比べてみて！

きのとや

極上牛乳ソフト

430円 5

フレッシュミルクに隠し味として北海道産マスカルポーネを加えた、濃厚でなめらかな口当たり。

空港限定

わかさいも

あんぽてとソフト

430円 9

大人気の「あんぽてと」がソフトクリームに。中に入る自家製こし餡が特別な味わい。

空港限定

Milk Stand 北海道興農社

牧場直送ソフトクリーム

380円 10

道内の牧場の生乳を使用。2週間ごとに牧場が変わるので、違う味が楽しめる。

空港限定

雪印パーラー

新千歳空港ソフト

420円 11

新千歳空港内で製造した、ここでしか味わえないフレッシュなソフトクリーム。

国内線2階
Ⓘ総合土産ゾーン
カルビープラス《かるびーぷらす》 新千歳空港店《しんちとせくうこうてん》 6
☎0123-45-6055
🕒8～20時

3階スマイルロード
Ⓚスマイル・ロード
ロイズ《ろいず》 チョコレートワールド《ちょこれーとわーるど》 7
☎0570-030-612
🕒9～19時

国内線2階
搭乗待合室
ANA FESTA《えいえぬえー ふぇすた》 7番ゲート店《ななばんげーとてん》 8
☎0120-464-616
🕒7時15分～21時

国内線2階
Ⓚスイーツ・アベニュー
わかさいも《わかさいも》 新千歳空港店《しんちとせくうこうてん》 9
☎0123-29-3232
🕒9～19時

国内線2階
Ⓚスイーツ・アベニュー
Milk Stand《みるくすたんど》 北海道興農社《ほっかいどうこうのうしゃ》 10
☎0123-25-8600
🕒8～20時

国内線3階
フードコート
雪印パーラー《ゆきじるしぱーらー》 フードコート店《ふーどこーとてん》 11
☎0123-46-2008
🕒10～20時

Craft Studio（国内線2階 K<スイーツアベニュー>）などで扱うハッカの入浴剤「ハッカ湯」1袋220円は袋単位で買えるのでおみやげに便利です。

さあ！北海道への旅に出発！

札幌へのアクセスは新千歳空港への直行便を利用するのが一番早くて便利です。
出発の時間帯や割引プランなど自分に合ったスタイルを選びましょう。

札幌へのアクセスは新千歳空港が便利

新千歳空港へは東京、名古屋、大阪ほか国内の主要空港から直行便が多数運航している。直行便は空港により季節(夏期)運航のものもあるので注意。また直行便が少ない空港からは東京(羽田)で乗り継ぐのが便利な場合もある。

◎路線、運航会社、所要時間、便数などは2023年8月のものです。
◎航空のねだんは、搭乗日、利用する便や航空会社の空席予測などで変わります。詳しくは、各社のホームページでご確認ください。
◎下表のほか季節運航便のある空港があります。

北陸・信越から

新潟空港から
1時間15分　1日5便
ANA・JAL

富山空港から
1時間25分　1日1便
ANA

小松空港から
1時間35分　1日1便
ANA

信州まつもと空港から
1時間40分　1日1便
JAL・FDA

大阪・神戸から

大阪(関西)空港から
1時間55分　1日13〜15便
ANA・JAL・APJ・JJP

大阪(伊丹)空港から
1時間45分　1日11便　ANA・JAL

神戸空港から
1時間55分　1日6便　ANA・ADO・SKY

名古屋(中部)空港から
1時間45分　1日13便
ANA・JAL・ADO・SKY・APJ

福岡空港から
2時間10分　1日6便
ANA・JAL・ADO・SKY・APJ

岡山・広島から

岡山空港から
1時間55分　1日1便　ANA

広島空港から
2時間　1日2便　ANA・JAL

那覇空港から
3時間25分　1日1便　APJ

ワンポイント

フェリーや新幹線で北海道をめざす

乗り慣れた自分の車で北海道を走りたい！という人には長距離フェリーがおすすめ。ホテル並みの客室や設備を備えた船が、名古屋・仙台・大洗・八戸などから苫小牧へ、新潟・舞鶴から小樽へ就航している。
また、新幹線は東京駅から新函館北斗駅まで約5時間で結ぶ。普通車やグリーン車のほかにグランクラスもあり、一段上のサービスが提供される。全長53.9kmの青函トンネルを通過すると北海道だ。新函館北斗駅から札幌方面へは、特急列車やレンタカーを利用しよう。

旭川空港

東京（羽田）から
1時間40分　1日7便　ANA・JAL・ADO

名古屋（中部）から
1時間45分　1日1便　ANA　※季節運航

大阪（伊丹）空港から
1時間55分　1日1便　JAL　※季節運航

とかち帯広空港
東京（羽田）、名古屋（中部・季節運航）から便あり

東北から

青森空港から
50分　1日5便　ANA・JAL

秋田空港から
55分　1日4便　ANA・JAL

いわて花巻空港から
55分　1日3便　JAL

仙台空港から
1時間10分　1日15便
ANA・JAL・ADO・IBX・APJ

山形空港から
1時間20分　1日1便　JAL・FDA

福島空港から
1時間35分　1日1便　ANA

茨城空港から
1時間20分　1日2便　SKY

東京・成田から

東京（羽田）空港から
1時間35分　1時間に2～5便　ANA・JAL・ADO・SKY

成田空港から
1時間45分　1日15～16便　ANA・APJ・JJP・SJO

富士山静岡空港から
1時間45分　1日2便　ANA・JAL・FDA

航空会社問合せ先

●全日空（ANA）
☎0570-029-222
●日本航空（JAL）
☎0570-025-071
●エア・ドゥ（ADO）
☎011-707-1122
●アイベックスエアラインズ（IBX）
☎0570-057-489
●フジドリームエアラインズ（FDA）
☎0570-55-0489
●スカイマーク（SKY）
☎0570-039-283
●ジェットスター（JJP）
☎0570-550-538
●ピーチ（APJ）
☎0570-000-931
●スプリング・ジャパン（SJO）
☎0570-666-118

便利な予約サイト

●るるぶトラベル
航空券、スケルトンツアーの手配が可能。ホテルやレンタカーのみの予約も可能。
https://www.rurubu.travel/

ワンポイント

格安航空（LCC）を利用

成田空港、関西空港、中部空港などからLCCが運航している。従来の航空会社とは運賃体系やサービスなどが異なるが、安く行きたい人におすすめ。

●LCC利用前にチェック!

①運賃に含まれるのは「乗るだけ」
LCCサイトで表示されたねだんは、飛行機に乗るだけのもの。手荷物を預けたり、座席の指定をするには、別料金が必要だ。空港に行ってから手続きすると割高になるので、ネットで予約する時に同時に申し込みを。

②空港へは1時間以上前に着いておきたい
LCCの搭乗締め切りは45～60分前と早く、それを過ぎると搭乗できないので注意。従来の航空会社とは別のターミナルだったり、同じ建物でも場所が違うから、1時間以上前の空港到着を心がけよう。

③ネットの運賃はその時だけ
LCCサイトの運賃表示は予約状況により変更されるので、次にホームページへアクセスした時には変わっていることがある。「安い」と思ったら、その時に予約したほうがいい。

札幌から小樽、旭川、美瑛・富良野へ

札幌から港町・小樽、人気の旭山動物園、自然豊かな美瑛・富良野へ。
交通プランニングの秘訣をおさえて旅をさらに充実させましょう。

小樽や旭川へはJRやバスが便利

小樽や旭山動物園がある旭川へはＪＲや高速バスが便利。いずれも本数が多く使い勝手がいい。
美瑛・富良野は鉄道やバス便の本数が少ないのでレンタカーでめぐるのがおすすめ。

…車
…鉄道
…バス

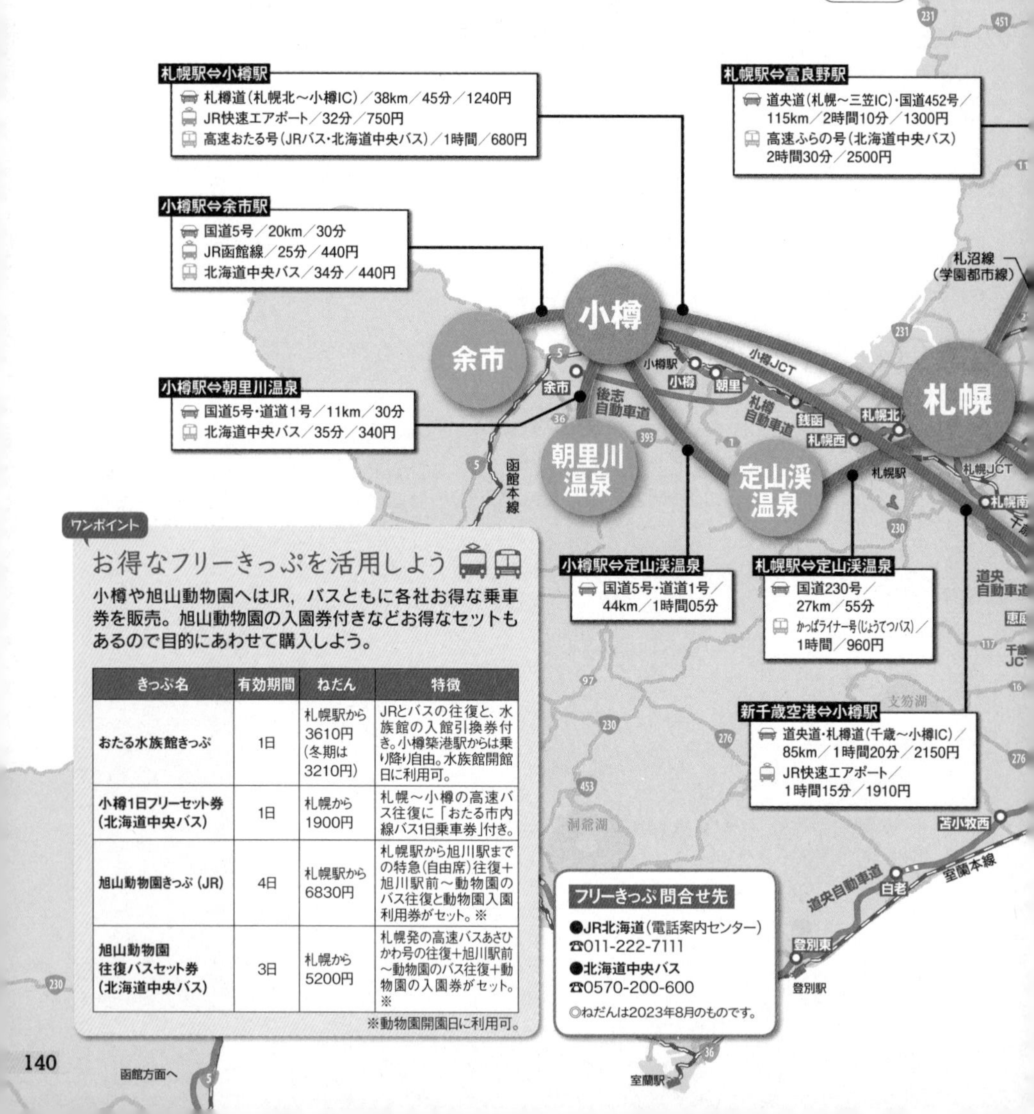

札幌駅⇔小樽駅
- 車：札樽道（札幌北～小樽IC）／38km／45分／1240円
- 鉄道：JR快速エアポート／32分／750円
- バス：高速おたる号（JRバス・北海道中央バス）／1時間／680円

札幌駅⇔富良野駅
- 車：道央道（札幌～三笠IC）・国道452号／115km／2時間10分／1300円
- バス：高速ふらの号（北海道中央バス）2時間30分／2500円

小樽駅⇔余市駅
- 車：国道5号／20km／30分
- 鉄道：JR函館線／25分／440円
- バス：北海道中央バス／34分／440円

小樽駅⇔朝里川温泉
- 車：国道5号・道道1号／11km／30分
- バス：北海道中央バス／35分／340円

小樽駅⇔定山渓温泉
- 車：国道5号・道道1号／44km／1時間05分

札幌駅⇔定山渓温泉
- 車：国道230号／27km／55分
- バス：かっぱライナー号（じょうてつバス）／1時間／960円

新千歳空港⇔小樽駅
- 車：道央道・札樽道（千歳～小樽IC）／85km／1時間20分／2150円
- 鉄道：JR快速エアポート／1時間15分／1910円

ワンポイント

お得なフリーきっぷを活用しよう

小樽や旭山動物園へはJR，バスともに各社お得な乗車券を販売。旭山動物園の入園券付きなどお得なセットもあるので目的にあわせて購入しよう。

きっぷ名	有効期間	ねだん	特徴
おたる水族館きっぷ	1日	札幌駅から3610円（冬期は3210円）	JRとバスの往復と、水族館の入館引換券付き。小樽築港駅からは乗り降り自由。水族館開館日に利用可。
小樽1日フリーセット券（北海道中央バス）	1日	札幌から1900円	札幌～小樽の高速バス往復に「おたる市内線バス1日乗車券」付き。
旭山動物園きっぷ（JR）	4日	札幌駅から6830円	札幌駅から旭川駅までの特急（自由席）往復+旭川駅前～動物園のバス往復と動物園入園利用券がセット。※
旭山動物園往復バスセット券（北海道中央バス）	3日	札幌から5200円	札幌発の高速バスあさひかわ号の往復+旭川駅前～動物園のバス往復+動物園の入園券がセット。※

※動物園開園日に利用可。

フリーきっぷ問合せ先

●JR北海道（電話案内センター）
☎011-222-7111
●北海道中央バス
☎0570-200-600
◎ねだんは2023年8月のものです。

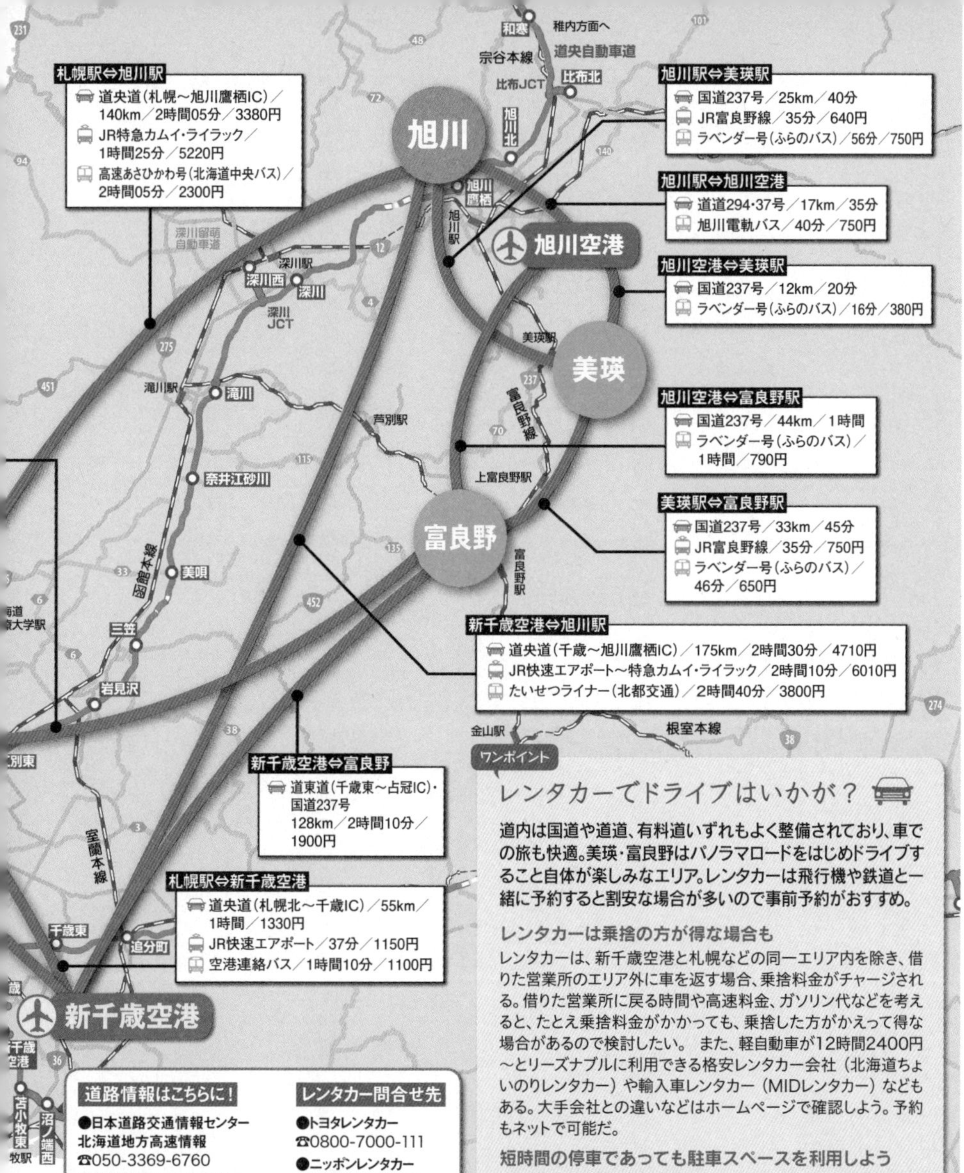

新千歳空港⇔富良野

道東道（千歳東～占冠IC）・国道237号
128km／2時間10分／1900円

室蘭本線

札幌駅⇔新千歳空港

道央道（札幌北～千歳IC）／55km／1時間／1330円
JR快速エアポート／37分／1150円
空港連絡バス／1時間10分／1100円

千歳東
追分町
新千歳空港
苫小牧東
沼ノ端西
襟裳岬方面へ

道路情報はこちらに！

●日本道路交通情報センター
北海道地方高速情報
☎050-3369-6760
北海道地方・札幌方面情報
☎050-3369-6601
●ナビタイム
ドライブルートの検索ならこれ。距離と時間、料金もひと目で分かる。
https://www.navitime.co.jp/
●NEXCO東日本
ETC割引を調べるにはこのサイトで。SAやPAの情報も充実。
https://www.e-nexco.co.jp/

レンタカー問合せ先

●トヨタレンタカー
☎0800-7000-111
●ニッポンレンタカー
☎0800-500-0919
●タイムズ カー レンタル
☎0120-00-5656
●日産レンタカー
☎0120-00-4123
●オリックスレンタカー
☎0120-30-5543
●ホンダレンタカー
☎0120-253-539

ワンポイント

レンタカーでドライブはいかが？

道内は国道や道道、有料道いずれもよく整備されており、車での旅も快適。美瑛・富良野はパノラマロードをはじめドライブすること自体が楽しみなエリア。レンタカーは飛行機や鉄道と一緒に予約すると割安な場合が多いので事前予約がおすすめ。

レンタカーは乗捨の方が得な場合も

レンタカーは、新千歳空港と札幌などの同一エリア内を除き、借りた営業所のエリア外に車を返す場合、乗捨料金がチャージされる。借りた営業所に戻る時間や高速料金、ガソリン代などを考えると、たとえ乗捨料金がかかっても、乗捨した方がかえって得な場合があるので検討したい。 また、軽自動車が12時間2400円～とリーズナブルに利用できる格安レンタカー会社（北海道ちょいのりレンタカー）や輸入車レンタカー（MIDレンタカー）なども ある。大手会社との違いなどはホームページで確認しよう。予約もネットで可能だ。

短時間の停車であっても駐車スペースを利用しよう

北海道は一般道路でもかなりのスピードで走っている車が多い。たとえ停車であっても駐車スペースを利用した方が絶対に安全だ。公衆トイレ付きのような広い駐車場は多くはないが、4～5台程度が停められる小さな駐車スペースは、あちこちに設けられている。

道央道で一気にアクセス

道南からのアクセスは、道央自動車道が大沼公園ICまで開通しているので、函館からなら、函館新道七飯藤城IC ～大沼公園IC間を除けば高速道路と自動車専用道路で札幌まで行くことができる。

INDEX さくいん

札幌